高等学校交通工程专业教材

交通工程实验手册

于 泉 编著

中国建筑工业出版社

图书在版编目（CIP）数据

交通工程实验手册/于泉编著．—北京：中国建筑工业出版社，2012.6
高等学校交通工程专业教材
ISBN 978-7-112-14347-4

Ⅰ．①交… Ⅱ．①于… Ⅲ．①交通工程-实验-高等学校-教学参考资料 Ⅳ．①U491-33

中国版本图书馆 CIP 数据核字（2012）第 107983 号

　　本手册在总结与吸收大量参考文献的基础上，对交通调查内容进行系统整理，主要分为基础篇和应用篇两大部分。基础篇按照分析的层面将交通调查分为：微观层次、中观层次、宏观层次三个部分。微观层次主要包括反应时间检测实验、可接受间隙及随车时距调查、意向调查、行为调查、超车行为调查、加速度干扰调查、驾驶操作行为检测实验、驾驶员生理参数检测实验；中观层次包括交通量调查、饱和流率调查、车速调查、密度调查、延误调查；宏观层次包括行人交通调查、停车调查、交通事故调查。应用篇从实用、可操作的层面进行部分调查的详细介绍，包括信号交叉口信号配时通用方法、路网容量实验方法及居民出行 OD 调查方法、驾驶疲劳预警对策有效性实验方法。

　　本书适用于交通工程专业的本科生、研究生以及从事交通工程行业的专业人士。

责任编辑：李玲洁　田启铭
责任设计：李志立
责任校对：刘梦然　陈晶晶

高等学校交通工程专业教材
交通工程实验手册
于　泉　编著

*

中国建筑工业出版社出版、发行（北京西郊百万庄）
各地新华书店、建筑书店经销
北京红光制版公司制版
北京世知印务有限公司印刷

*

开本：787×1092 毫米　1/16　印张：10¾　字数：268 千字
2012 年 7 月第一版　2012 年 7 月第一次印刷
定价：29.00 元
ISBN 978-7-112-14347-4
（22425）

版权所有　翻印必究
如有印装质量问题，可寄本社退换
（邮政编码 100037）

前　言

随着我国国民经济的快速发展，交通需求迅速增长，交通问题日趋严重，主要表现在道路拥挤、交通秩序混乱、交通事故增多、交通引起的环境污染严重等。目前，交通问题已成为影响社会经济发展、人民生活水平提高的一个制约因素，交通问题越来越受到人们的重视。任何交通问题的研究，都离不开基础数据的调查。交通调查是一种用客观的手段测定道路交通流以及与其有关现象的数据，并进行分析，从而了解与掌握交通流的规律，其目的是为了向交通、城建、规划、环保以及公安交通管理等部门提供改善、优化道路交通的实际参考资料和参数。

交通调查的对象主要是交通流现象，而与交通流有关的诸如国民经济发展、经济结构、运输状况、城乡规划、道路交通设施、交通环境、汽车的行驶特性、地形、气候、气象及其他安全设施和措施等等均可作专项调查。

本手册在总结与吸收大量参考文献的基础上，对交通调查内容进行系统整理，主要分为基础篇和应用篇两大部分。基础篇按照分析的层面将交通调查分为：微观层次、中观层次、宏观层次三个部分。微观层次主要包括反应时间检测实验、可接受间隙及随车时距调查、意向调查、行为调查、超车行为调查、加速度干扰调查、驾驶操作行为检测实验、驾驶员生理参数检测实验；中观层次包括交通量调查、饱和流率调查、车速调查、密度调查、延误调查；宏观层次包括行人交通调查、停车调查、交通事故调查。应用篇从实用、可操作的层面进行部分调查的详细介绍，包括信号交叉口信号配时通用方法、路网容量实验方法及居民出行 OD 调查、驾驶疲劳预警对策有效性实验方法。

本手册主要是为交通工程专业的学生以及交通工程界的专业人士在数据采集与处理方面提供帮助。每项调查方法通常都遵从统一的介绍格式：调查概述、调查设备、调查人员、调查步骤、注意事项、样本容量的要求、数据整理与分析以及相应的数据收集和数据分析的各种表格。

本手册是"十一五"国家科技支撑计划课题"城市道路通行能力与交通实验系统研究"（2006BAJ18B03）的部分成果。全书由于泉副教授统稿，荣建教授、赵晓华副教授、邵长桥副教授、边扬老师、翁剑成老师都为本书的撰写提供了丰富的资料和热情的帮助。研究生刘培华、张会、赵今、姜天晓、邓小惠也为手册整理工作付出了辛苦的劳动。本手册在编写过程中，广泛参考了大量著作和文献资料，在此，谨向著作和文献资料的作者们表示衷心感谢！

本手册限于编写水平，错漏之处在所难免，恳请读者批评指正，并根据自己参与、调查的实际情况以及亲身经验对本手册的编写内容提出宝贵意见。

编　者
2011 年 11 月

目 录

基础篇

微观层次

第1章 反应时间检测实验 3
  1.1 概述 3
  1.2 检测方法与实施 3
  1.3 数据处理与分析 4

第2章 可接受间隙及随车时距调查 5
  2.1 概述 5
  2.2 调查方法与实施 5
  2.3 数据处理与分析 6

第3章 意向调查 9
  3.1 概述 9
  3.2 调查方法与实施 9

第4章 行为调查 11
  4.1 概述 11
  4.2 调查方法与实施 11

第5章 超车行为调查 13
  5.1 概述 13
  5.2 调查方法与实施 14
  5.3 数据处理与分析 15

第6章 加速度干扰调查 17
  6.1 概述 17
  6.2 调查方法与实施 17
  6.3 数据处理与分析 18

第7章 驾驶操作行为检测实验 19
  7.1 概述 19
  7.2 检测方法与实施 19
  7.3 数据处理与分析 20

第8章 驾驶员生理参数检测实验 21
  8.1 概述 21
  8.2 检测方法与实施 22

	8.3 数据处理与分析	22

中观层次

第9章 交通量调查 ... 25
9.1	定义及相关术语	25
9.2	交通量调查方法	25
9.3	道路交通量调查	28
9.4	平面交叉路口交通量调查	30
9.5	路网交通量调查	31
9.6	小区出入交通量调查	33
9.7	交通量数据整理与分析	34

第10章 饱和流率调查 ... 37
10.1	概述	37
10.2	调查方法与实施	37
10.3	人工观测法调查	37
10.4	摄像观测法调查	40

第11章 车速调查 ... 41
11.1	概述	41
11.2	车速调查方法	42
11.3	地点车速调查	45
11.4	区间车速调查	52

第12章 密度调查 ... 61
12.1	概述	61
12.2	密度调查方法	62
12.3	出入量观测法调查	62
12.4	摄影观测法调查	68

第13章 延误调查 ... 71
13.1	概述	71
13.2	延误调查方法	72
13.3	交叉口延误调查	73
13.4	路段行车延误调查	80

宏观层次

第14章 行人交通调查 ... 87
14.1	概述	87
14.2	行人交通调查方法	89
14.3	行人交通调查	90

第15章 停车调查 ... 94
15.1	概述	94

  15.2 停车调查方法 ………………………………………………… 95
  15.3 人工观测连续停车调查 ……………………………………… 96
  15.4 人工观测间歇停车调查 ……………………………………… 98
第 16 章 交通事故调查 ……………………………………………… 100
  16.1 概述 …………………………………………………………… 100
  16.2 调查方法与实施 ……………………………………………… 101

应用篇

  第 17 章 信号交叉口信号配时通用方法 ……………………… 106
  第 18 章 路网容量实验方法 ……………………………………… 116
  第 19 章 居民出行 OD 调查 ………………………………………… 129
  第 20 章 驾驶疲劳预警对策有效性实验方法 ………………… 141

附录 1 居民一日出行调查问卷 ……………………………………… 148

附录 2 居民出行调查方案 …………………………………………… 154

参考文献 ……………………………………………………………………… 166

基础篇

微观层次

第1章 反应时间检测实验

1.1 概　述

一、定义

反应时间是指从刺激呈现到作出反应之间所经历的时间,它是评价人类活动的一个重要变量。

二、检测目的

通过检测人在安静状态下的反应时间,为研究驾驶员的反应时间提供可靠依据。反应时间的检测,对需要做出迅速反应的工作更具有重要的意义。本检测的目的是通过检测实验,可以为确定具有驾驶适性(指适宜驾驶工作的个人特性)的反应时间临界值提供依据。

1.2 检测方法与实施

一、检测设备

1. LJ9102复杂反应判断测试仪,心理检测原理。

2. 国产EP202反应时测定仪,计时精度为1ms,无开关动作噪声,主试者(实验人员)和被试者(被测试人员)之间设挡板以使被试者看不见主试的操作。

3. 数字毫秒计是一种高精度的自动计时物理实验仪器,但是其价格高、普及性差。由廉价的CMOS数字集成电路等材料制作的反应时间测定器不仅可以测定人对声、光刺激信号的反应时间(测量精度1ms),作为训练、提高人的反应速度的仪器。还可以在高中物理实验中作为毫秒计使用,配合自制的光电门,可对运动物体进行自动计时。

二、检测步骤

1. LJ9102复杂反应判断测试仪检测步骤:

(1) 接上电源AC220V 50Hz。

(2) 将手用按键及脚用按键至信号插头分别与测试仪器的输出面板上相应插座(RHAND右手)、(LHAND左手)、(RFOOT右脚)对应连接。

(3) 打开电源POWER至ON。

(4) 按下测试键TEST指示灯亮。

(5) 检测对象同时按下两手用按键及脚用按键,测试仪上FOOT及两个HAND指示灯亮。

(6) 按下START键,测试板上黄、红、绿三只信号灯中有一只灯亮,计时器启动;

(7) 检测对象在看到灯亮后,迅速判断其颜色,并快速松开相应的按键,计时器停止计时,相应指示灯熄灭。特别注意:有蜂鸣声时请勿松开任一键,否则为误操作。

(8) 如果正确,记录计时器数值;如果误操作,即松错按键,或同时松开两到三个键,或有蜂鸣声时松开按键等,无操作指示灯 ERROR 灯亮,记录出错次数。

(9) 按 RESET 键,计时器复零,准备下次测试。

2. 国产 EP202 反应时测定仪检测步骤:

(1) 接通线路,做好检测仪器的调试。

(2) 让被测试者面对光呈现器坐下,右手(利手)食指自然就在反应键的按钮上。

(3) 被测试者在看到灯光出现时尽可能快地压下按钮,练习 5 次后正式进行检测,每个被试重复作 30 次。

(4) 主试记下计时器上显示的时间,测试停止。

3. 数字毫秒计检测步骤:

(1) 测试前,首先按下复位按钮,对计时器、触发器电路进行复位。

(2) 测试时,测试者按下测试按钮,测试启动,计时器开始计时,同时发出灯光或声音信号。

(3) 被测试者发现测试开始的灯光或声音信号后立即按下按钮,计时器停止计时并显示被测试者的反应时间,测试停止。

1.3 数据处理与分析

数 据 汇 总 表　　　　　　　　　　　　　表1-1

序号	时间	出错次数	备注	序号	时间	出错次数	备注	序号	时间	出错次数	备注
1				16				31			
2				17				32			
3				18				33			
4				19				34			
5				20				35			
6				21				36			
7				22				37			
8				23				38			
9				24				39			
10				25				40			
11				26				41			
12				27				42			
13				28				43			
14				29				44			
15				30				45			
平均				平均				平均			

第2章 可接受间隙及随车时距调查

2.1 概 述

一、定义

临界间隙：次要车流中所有驾驶员在相似位置所能接受的最小间隙称为临界间隙，即为 t_c。根据通常的驾驶员行为模式，只有在主要车流的车辆间隙至少等于临界间隙 t_c 时，次要车流的驾驶员才能进入交叉口。

可接受间隙：被次要车流中驾驶员在相似位置所接受的穿越间隙为可接受间隙。

拒绝间隙：被次要车流中驾驶员在相似位置所拒绝接受的穿越间隙为拒绝间隙。

随车时距：可插车间隙理论称在较长时间间隙中进入交叉口的次要车流车辆间的车头时距为"随车时距"或"跟随时间" t_f。

二、调查内容：

对道路路段及交叉口的可接受间隙及随车时距进行观测，并对观测到的数据进行统计分析。可接受间隙及随车时距的观测主要针对无信号交叉口主次干道上的车流以及无左转相位交叉口的直行和左转车流。

三、调查目的意义

可插车间隙理论是无信号交叉口理论中应用最广泛而且相对成熟的理论，无论是在无信号交叉口还是在有信号控制的交叉口中，都起着非常重要的作用。可插车间隙的参数主要就是指 t_c 和 t_f，这两个参数主要受干道车流的影响，同时也受驾驶员操作的影响。根据调查结果，得到可接受间隙的分布特性，为交通管理设计等进一步研究提供分析基础。

四、调查方法

可接受间隙及随车时距的调查，主要分为人工观测法与摄像观测法两种。

1. 人工观测法

这是最常用的测定方法，比较简单方便，在测量地点预先做好断面的标志，由两名观测人员相互配合就可以完成测定，获得需要的数据。

2. 摄影观测法

利用录像机等设备，对准要拍摄的地点调试好设备，通过高处摄影获得的录像拷贝，再通过观测画面得出通过指定标志的车辆间的时距。

2.2 调查方法与实施

一、人工观测法

1. 调查地点：

道路路段、交叉口或根据用户要求选择地点。

2. 人员安排及调查时间：

调查人员每组 4 人，调查时间 2h 左右。

3. 调查设备：

秒表 2 块（每组）、记录表格若干（见附录）、钢笔（圆珠笔）、卷尺、画线笔。

4. 调查步骤与实施：

(1) 事先现场调研，确定调查区域的位置、地形、几何尺寸，并画出平面简图；

(2) 观测人员携带设备到达调查地点，确定好各自的观测位置后，开始观测并记录相关数据；调查人员站在距路缘 1~2m 外的观测断面处，人员分工为：一人连续报秒表时间，一人判断车头保险杠到达断面时刻并报告，报告数据精确到 0.1s，另外两人同时记录车型和到达断面时刻。

(3) 当观测的数据到达需要的样本需求时，停止观测，保存好记录的数据表格，妥善处理好需要的调查数据后，方可离开调查地点。

二、摄像法

1. 调查地点：

道路路段、交叉口或根据用户要求选择地点。

2. 人员安排及调查时间：

一般情况下，每个观测方向需要两个人，包括共同架设并看护摄像机。调查时间的长度依据样本要求和具体项目的要求而定。调查时间为 2h 左右。

3. 调查设备：

摄像机、三脚架、电池、升降车等。

4. 调查步骤与实施：

(1) 事先现场调研，确定调查区域的位置、地形、几何尺寸，并画出平面简图；

(2) 观测人员携带设备到达调查地点，安装摄像机等设备，安装完毕后，开始调查数据，摄像机记录图像；

(3) 当录制的数据到达需要的样本需求时，停止摄像，保存好数据，妥善处理好需要的调查数据后，方可离开调查地点。

5. 注意事项

(1) 对发生意外的情况及时进行记录，如出现交通事故、仪器发生故障等。

(2) 摄像机的高度要适宜，与观测区域的周围地形和架设条件相结合，同时要保证一定的视野。对于比较长的观测车道，应分阶段架设多台摄像机。没有明显车道分隔线或停车线的要贴白色条带作为地面观测标记，观测标记不能影响司机的驾驶行为。

(3) 随时查看摄像机的工作状态，及时更换电池，并保护好摄像机不受到人为干扰破坏，防止调查失败。

2.3　数据处理与分析

一、数据整理及分析

1. 人工现场调查：将记录表格中的数据录入到 Excel，自动处理，得到平均值和分布图。

2. 摄像法：主要是运用如 AutoScope 图像处理系统对调查数据进行分析处理，自动判别车辆的车型、车速、车头时距、可接受间隙及随车时距等。在此基础上，运用数理统计方法得出上述参数的分布特征。

二、结果分析及实验报告

将上述统计分析的结果按照要求及标准格式写出试验的完整报告，如表 2-1、表 2-2 所示按规定的时间交给指导教师。

可接受间隙调查记录表（交叉口）　　　　　　　　表 2-1

路线名称：	代表路段：	观测时间：
观测地点：	道路等级：	断面编号：
天气情况：	观测员：	记录员：

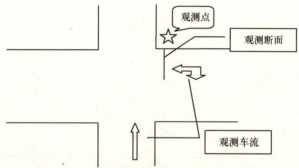

无信号交叉口（此方法适用于观测有信号交叉口的左转车流）
人工观测法（摄像法则需要在观测点架设摄像机）

编　号	车　型	车头时距（s）	是否被次要道路车辆穿越
1			
2			
3			
…			
30			

注：车型分类：XH 小货　ZH 中型　DH 大货　XK 小客　DK 大客　XT 小拖　DT 大拖　TG 拖挂

随车时距调查记录表（交叉口）　　　　表 2-2

路线名称：	代表路段：	观测时间：
观测地点：	道路等级：	断面编号：
天气情况：	观测员：	记录员：

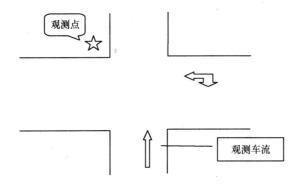

人工观测法（摄像法则需要在观测点架设摄像机）

编号	车型	是否发生穿越	是否属于跟随穿越	随车时距（s）
1				
2				
3				
…				
30				

注：车型分类：XH 小货　ZH 中型　DH 大货　XK 小客　DK 大客　XT 小拖　DT 大拖　TG 拖挂

第 3 章 意 向 调 查

3.1 概　　述

一、定义

意向调查也称为 SP 调查（Stated Preference Survey），是指为了获得"人们对假定条件下的多个方案所表现出来的主观偏好"而进行的实际调查。

二、调查目的意义

SP 调查的主要意义在于计划人员可以有目的地设定交通方式（或交通政策）及交通服务水平，在新的交通方式开通（或交通政策实施）以前，可以很好地预测开通（实施）后的交通变化情况；利用所设计的不同方案，从一个被调查者（回答者）得到多个数据，从而提高调查的效率。实践证明，SP 方法已成为交通出行行为研究中一种重要工具，被广泛地应用于研究出行方式选择、泊车选择以及路线选择等方面。

3.2 调查方法与实施

一、样本的选取

根据调查目的可以采用完全随机取样法、有意分层随机取样法；样本的抽取数量和 SP 分析目的有关。应该强调的是，由于一个人回答多个问题，如果样本缺乏随机性，具有偏差的个人信息将被扩大，并可能引起更大的偏差，因此保证样本的随机性和代表性显得更为重要。

二、实验设计

SP 调查能否成功，主要取决于调查实验的设计。调查方案必须反映出影响交通行为的交通服务属性及属性所处的水平。实验设计主要解决下面几个问题：

1. 属性数量的确定

交通系统的属性很多，设计时并不是将所有的属性都包括，而应根据调查目的决定。由于 SP 数据是个人偏好数据，可能产生政策反应偏差（Policy Response Bias），即猜测政策制定者的意图（例如提价），并有意选择能够影响政策的回答，从而增大调查数据的偏差；而当调查属性较多时，可以一定程度上回避这样问题，因此，通常属性要有 3 个以上。但并非属性越多越好，提供的属性过多，所含的信息量超过回答者的判断能力，回答者也难于作出正确的回答，从而影响数据的准确性，一般 7~10 个属性作为上限较好。

2. 属性水平的确定

一般一个属性设置 2 个以上的水平，特别关心的属性，可以设置 3 个以上。在确定水平值时，注意所取的值必须是回答者认为现实的，否则，将引起调查数据精度的下降。水平值的范围以某个值为基准，按一定比例或一定数量增减来设定。

3. 方案设计

方案设计就是将属性及水平有机结合，形成高效的方案，以利于分析属性及水平值对交通行为的影响。统计实验方法可以保证各属性间的"直交性"。当有 n 个属性，m 个水平时，利用全部因素配置法则有 $m \cdot n$ 个方案，当 n 或 m 增大时，方案数会迅速增加，需要采用一定方法削减方案的数量。最常用的方法为"部分因素配置法"。

三、方案评价的表示方法

回答者判断给定的方案判断并给出选择偏好。表示偏好的评价方法主要有以下 4 种：①顺位法，对多个方案按主观偏好排出顺序。这种方法可以同时得到大量信息，但方案太多时，让回答人员排出顺序比较困难。②评分法，对各方案按偏好程度给出评分，例如，用 1~10 评分或"非常好"、"比较好"等方式给出评价。这种方法处理时比较简单，但方案太多时，也同样会给回答者带来负担。③选择法，两个以上的方案中选出最好的方案（或最不好的方案）。这种方法一次只能得到一个数据，数据的可靠性较高，并可直接与 RP 数据（行为调查数据）比较。④对比法，从方案中抽出两个方案进行比较，评价方式可以采用选择法或评分法。

四、调查的实施

调查方法由调查规模及费用决定。按回答方式，可以采用让回答者自己阅读问题，然后填写回答的方式（阅读回答），也可采用调查员一边提问，一边记录回答的方式（采访）；按调查地点，可以采用家庭调查、户外或列车上（公共汽车）等方式；按利用手段可以采用调查票（纸张）或计算机等方式。一般将调查票置留家庭是比较常用的方式，利用计算机（编制程序）采访的调查方式也广泛采用。

第4章 行为调查

4.1 概　　述

一、定义

行为调查又称 RP（Revealed Preference）调查，是针对已完成的选择性行为的调查。RP 调查的最大特点在于调查的内容是已经发生过的事情。

在 RP 调查中，认为选择的结果是由实际的选择行为、选择条件决定的，并且无论调查对象是否意识到了影响因素或如何重视这些因素，选择行为是在这些所有的因素影响下进行的，即现象的机理本身就潜藏在选择结果的里面。

二、调查目的意义

RP 调查的目的是想了解被调查者在某选择状态下的选择结果以及选择的条件。例如，有时需要了解被调查者上个星期三出行时，出行方式的选择结果、选择条件等。对出行者的个人属性等采用 RP 调查，可以得到包括出行者的年龄、性别、职业、收入水平、出行时间等。RP 数据表现出的是实际情况，与 SP 数据相比其可靠性较高。

4.2　调查方法与实施

一、调查步骤

1. 确定调查数据的范围

设定调查项目时首先应明确要探讨的问题，通过对调查对象的现象，系统进行预见性分析，明确调查的范围。从总体上来说调查需要以下几方面的数据：选择方案相关数据、选择主体的属性与状态相关数据、选择方案的特性相关数据。在实际应用中调查项目的范围通常有以下几种：选择的结果、选择主体的属性以及被选择方案的主要特性；选择的结果、选择主体意识到的替代选择方案、选择主体的属性以及被选择方案的主要特性；全面调查。

2. 建立选择条件数据

建立选择条件数据，并非意味着全部的数据都要通过对被调查者的询问调查来获得，也可以通过事后由调查者建立。

3. 设计调查表格

为了防止调查规模过大、调查内容过于繁琐、设问含混不清、回答结果可能因人而异及真正需要了解的项目被遗漏等问题，需要精心设计表格。调查表的形式因选择现象、调查项目的范围以及调查方式等条件的不同而不同。同时，调查表的设计好坏直接影响到调查的精度，因此需要给予调查表的设计足够重视。一般调查表有以下几部分组成：调查的说明、填写注意事项、选择主体的特性、与实际的选择方案特性有关的问题、与替代方案特性有关的问题。

二、调查方法

1. 家庭访问调查

家庭访问调查（Home Interview）的具体做法是：调查员访问被调查者的家庭或工作单位，在和被调查者交谈的基础上，听取被调查者对于调查项目的回答，并记入调查表。这种方法可以正确的传达调查项目的意思，减少误差、漏记现象，因此可靠性最高，但是所需要的费用最大。

2. 访问置留法

访问置留法的具体做法是：访问被调查者的家庭，向家庭成员讲解调查内容、填写方法，请求回答。并将调查表留置数日，由被调查者填写调查表。数日后，调查员再次访问该家庭，对回答内容核对后回收调查表。由于该方法是被调查者独自填写，虽然调查精度也较高，但是其可靠性不如家庭访问法，同时，调查精度受到调查员能力的影响。原则上调查表的发放与回收均由访问进行，有时也可以在发放或回收中某一个环节用邮寄的方式。从回收率和核对角度讲，回收时进行家庭访问较好。

3. 邮送调查

邮送调查（Mail Questionnaire）是采用邮寄的方式发放和回收调查表的方法。这种调查成本相对较低。但由于不能在回收时进行核对，容易发生误解调查项目的意思而误记、漏记的问题。同时回收率都较低，通常，回收率能够达到30%就算相当高了。无回答者的分布也常常造成样本偏差。

4. 电话调查

电话调查（Telephone Interview）是通过电话对被调查者就调查内容进行交谈，由调查员根据被调查者的回答填写调查表的方法。由于可以正确的表达调查项目的意思，根据调查情况补充提问，所以调查精度较高。电话调查用于交通调查的例子较少。

5. 现场调查

现场调查（Field Interview）是在调查地点随机选定被调查者，就调查事项提问，由调查员填写调查表。多数情况下，被调查者为移动中的人，提问时间被限定在2～3min以内。因此，调查内容的质和量均受到限制。同时，拒绝合作的情况也很多。另外，调查员也容易选择那些看上去可能会合作的人提问从而造成样本的偏差。为此需要对选择被调查者的规则以及事后样本属性进行分析。有时不得以必须废弃一部分样本。

6. 现场分发问卷调查

该方法比较适用于飞机乘客和火车乘客等长距离旅行乘客的调查。在候车室、检票口等地发放调查表，在下车的出口站回收。另外，也可以进行车内调查，在车内散发、回收调查表。由于是火车或飞机班次的样本，所以这属于整群抽样。被调查者有较多的时间，填写状况、回收率都较好。但是，应当事先征得有关部门的同意。

7. 现场分发问卷邮寄回收

在调查地随机选择被调查者，发放调查表，请被调查者用邮送的方法回收。该方法具有和邮送调查相同的特点，普遍回收率较低。

第 5 章 超车行为调查

5.1 概　述

一、定义

车头时距表示行驶于公路上的相邻两车辆通过道路上同一点的时间间隔，通常以两车保险杠之间的时距来表示。由于车头时距是相邻车辆车头经过某点的时间差，因此，车头时距的大小主要取决于后车与前车的间距以及后车的速度。在观测人员为静态条件下，可以直接测量前后车辆经过某点的时刻而得到两车之间的车头时距；在动态条件下，可以用车辆之间的绝对距离除以后车的速度进行估计得到。

双车道公路上的超车行为主要受对向车道交通流的影响和本向车道车辆的制约。制约和影响双车道公路上的超车行为最终归结为对向车道的车流和本向车道的车辆间是否提供了足够的车头间距或车头时距。

把车 $n+1$ 和车 $n+2$ 分别称作前车（Former Vehicle）和头车（Leading Vehicle），车 m 为来车车辆（Oncoming Vehicle），实施超车行为的车辆 n 为超车车辆（Overtaking Vehicle）；前车和头车之间的车头时距定义为可回车车头时距 $t_{可回车}$（Returnable Time Headway），车 $m+1$ 和来车车辆 m 之间的车头时距定义为可超车车头时距 $t_{可超车}$（Overtakable Time Headway）。

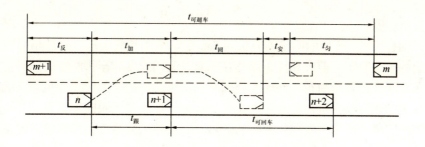

图 5-1　可超车间隙与可回车间隙示意图

二、调查内容与方法

在超车实验中，可回车车头时距就是一个需要用动态方法测量的数值，因此要想得到可回车车头时距就必须知道前车和头车之间的动态距离以及前车的瞬时速度。但是在实验过程中，两车之间的距离和车辆的速度不会始终保持不变，具有一定的波动性，所以一般选取一小段时间内前车和头车之间的动态平均距离和前车的动态平均速度为最终的计算值。

5.2 调查方法与实施

一、调查设备

高精度动态 GPS 数据采集仪是一种最新的定位测量工具,可以采集车辆的实时三维位置信息和速度信息,完全能够满足本实验的需要。实验中共需要 3 台动态 GPS,其安装方法如图 5-2 所示。

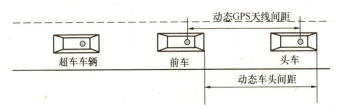

图 5-2 超车实验中 GPS 的安装示意图

当所选车型一致、GPS 安装的位置一致时,动态 GPS 天线之间的间距就等于两车之间的动态车头间距。因此,用动态 GPS 的天线间距可以代替车辆间的动态车头间距。

二、车辆及驾驶员选择

对于驾驶员的选择,考虑到在公路上做超车实验具有相当大的危险性,因此要求驾驶员必须具备一定的驾驶经验,至少有 5 年以上的驾龄;同时考虑到驾驶员的气质类型会对车速以及超车行为产生不同的影响,所以尽可能使用不同气质类型的驾驶员作为样本驾驶员。这样在保证实验人员和车辆安全的基础上,也能够保证所获得的样本具有一定程度的代表性。

三、实验步骤

实验车辆按照图 5-2 所示的排列方法列队行驶。前车和头车首先保持相同的速度,然后保持一定的车头间距。前车和头车保持在相对稳定的速度和车头间距的同时,后面跟随行驶的超车车辆试图超越前车,并插入到前车和头车之间的空隙中去。超车车辆在实施每一次的超车行为时,实验人员都要对每个状态进行记录,主要记录的内容有:开始超车时的时刻、插入间隙成功或插入间隙失败时的时刻,以及插入间隙成功后驾驶员的感受情况等内容。

由于超车过程中,可回车车头时距值不仅与前车和头车的车头间距有关,而且还与前车和头车的速度有很大关系,因此必须考虑这两方面的因素对可回车车头时距造成的影响。将全部超车实验分为若干组,每组再细分为若干小组,分别进行实验。具体过程是,首先固定车速或车头间距中的一个参数,然后不断变动另一个参数,这为一组实验;每组实验中按照一定的步长来增大变动的参数,每增加一次步长,做 10 次超车实验,这 10 次超车实验作为一小组,最后对这一组实验进行汇总。以此类推。最终,根据动态 GPS 数据采集仪得到了 3 台车辆在不同车速、不同车头间距时的各种超车数据。

5.3 数据处理与分析

一、样本容量

超车实验属于控制型实验,因此要尽量使每组的实验样本量相同。按照这个原则,每个车头间距和车速的组合条件要进行10次超车实验,对于每一个驾驶员来说共需要进行1800次实验,显然工作量是巨大的。

二、数据分析

在实际的道路、交通条件下进行,要考虑实验人员和车辆的安全,对于超过60km/h的车速进行实验则完全没有必要,所以最终确定实验车辆(前车和头车)的速度范围在20km/h~60km/h,步长为5km/h。对于全部超车实验来说,初步确定车头间距的最小值为小于10m,其次是15m,然后以5m为步长直至增大到100m。不过每组实验中的最小车头间距还要根据前车和头车的车速以及驾驶员的忍耐度来随时进行调整。

超车车辆在超越前车后返回到前车和头车之间的空隙时,由于前车和头车之间车头间距和车速的不同,会导致超车驾驶员对插入过程有着不同的感受情况,可以简单地分为困难、一般和容易3个级别。但是,经过预实验发现增加非常困难和非常容易2个级别的驾驶员感受度可以更好地反映驾驶员的超车情况。表5-1为前车与头车的车头间距小于10m、不同车速条件下驾驶员超车情况及感受情况记录表。

驾驶员超车情况及感受情况记录表　　　　表5-1

组别	车速(km/h)	可插入间隙驾驶员感受(个)					拒绝间隙(个)	超车总数
		非常困难	困难	一般	容易	非常容易		
车头间距(<10m)	20							
	25							
	30							
	35							
	40							
	45							
	50							
	55							
	60							

三、注意事项

实验过程中,除了3名驾驶员驾驶车辆外,前车和头车还各需要一名实验人员,超车车辆需要两名实验人员进行记录和保持联络。超车车辆上的一名实验人员为总指挥,按照实验计划指挥前车和头车按照一定的车头间距和车速行驶,同时指挥超车车辆实施超车行为;另外一名实验人员则负责录制整个超车过程,并用笔记本电脑或秒表记录超车过程中的各种车辆状态以及驾驶员超车成功后插入前车和头车之间的感受情况。前车和头车的实验人员把总指挥的指令传达给驾驶员,驾驶员则按照一定的车头间距和车速行驶;前车的实验人员还要记录驾驶员估计的车头间距值和车速值,用于后期数据处理时的相互印证和补充。

摄像机、秒表、笔记本电脑等仪器要和动态GPS数据采集仪的UTC时间（协调世界时，Universal Time，Coordinated）保持一致，如发生特殊情况应仔细、准确地进行记录，以便后期数据处理时进行参考。

超车车辆上的实验人员在每次超车车辆试图进行超车和超车完毕后，应该询问驾驶员能否超车以及超车成功后的感受情况，并及时进行记录。记录驾驶员不能进行超车时的情况是非常关键的一步，是后期数据处理的重要环节，不能忘记统计。

第6章 加速度干扰调查

6.1 概述

加速度干扰是对车辆速度摆动的描述,车速摆动还涉及驾驶员和乘客乘车时的舒适性问题。因此,双车道公路上车辆的加速度干扰可以用作分析双车道公路服务水平的一个有效指标,其计算公式为:

$$\sigma = \sqrt{\frac{1}{T}\Sigma[a_i - \bar{a}]^2 \Delta t_i} = \sqrt{\frac{\Delta u^2}{T}\Sigma\frac{n_i^2}{\Delta t_i} - \left(\frac{u_T - u_0}{T}\right)^2} \tag{6-1}$$

式中 a_i——第 i 观测时间段的加速度,m/s²;

$\bar{a}$——车辆平均加速度,m/s²;

u_T——观测总时段的末速度,m/s;

u_0——观测总时段的初速度,m/s;

T——观测总时间,s;

Δu——速度的等分间距,$\Delta t_i = n_i \Delta u$;

n_i——速度等分间距的个数;

Δt_i——时间统计间隔,s。

6.2 调查方法与实施

一、传统方法

20世纪60年代,T. R. Jones 和 R. B. Potts 对加速度干扰进行了比较详细的研究。他们将记录笔直接与车速表的导线连接或连接到第五个轮子上,在一个移动的纸带上直接描绘车辆的行驶速度,纸带移动的距离与时间成比例。同时也可以采用在固定的时间间隔(1s左右)里记录总的行驶距离,然后从距离—时间关系曲线中计算速度和加速度。距离可以记录在胶片上,每秒前进一格,或记录在记录纸上,距离以适当的时间间隔打印或穿孔。这些数据的收集比较直观,采集人员可以随时观察记录的情况,但是后期的数据处理工作非常冗长和乏味。通过图上作业法,可以计算出来车辆的加速度干扰值,该法比较直观,容易理解;但是,当计算较长时间区域时,就非常繁琐,计算的精度也非常差。

二、GPS采集法

检测车辆上面安装动态GPS数据采集仪,GPS每隔0.1s采集一次车辆的瞬时速度;道路上安装交通量采集仪,采集交通流的各种参数;摄像机配合交通量采集仪可以较为直观地观察到道路的拥挤情况,并与交通量采集仪的数据进行对照。检测车辆应以交通量采集仪为中心,在其前后来回行驶,运行的路段长度应大于2.0km,所选路段的路侧干扰要尽可能的小。

6.3 数据处理与分析

为了后期较为方便、快捷地对 GPS 数据进行处理,规定在一般情况下,把 1s 作为计算加速度干扰值的时间统计间隔;如果需要对一些特殊情况进行更为仔细地研究和划分时,可以用 0.5s 为时间统计间隔得出的结果作为参考。

总体而言,随着选用统计时间间隔的增大,计算出来的加速度干扰值是逐渐下降的。但是虽然时间统计隔增大,以 0.5s 和 1s 为时间统计间隔得到的速度—时间序列图仍能很好地反映车辆真实的运行状态。图 6-1、图 6-2 分别是 0.5s 和 1s 时间间隔的速度—时间序列图。

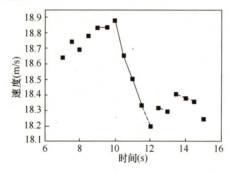 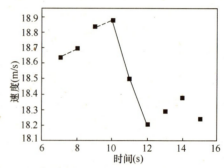

图 6-1　0.5s 时间间隔速度—时间序列图　　图 6-2　1s 时间间隔速度—时间序列图

第7章 驾驶操作行为检测实验

7.1 概　　述

一、定义

驾驶操作行为是指在驾驶过程中驾驶人对车辆进行的相关操作，主要包括方向盘转向、刹车、油门、离合、换挡等。

二、目的和意义

正确的驾驶操作行为是保证安全行车的必要条件。通过获取驾驶操作行为，为确定科学合理的驾驶操作标准和符合人机工效学原理的车辆设计提供数据依据。同时驾驶操作行为指标可以作为驾驶绩效（Driving Performance）的主要评价指标之一，也被广泛应用于车辆安全运行状态以及危险驾驶行为如驾驶疲劳、酒后驾驶等评价之中。

三、主要采集指标

方向盘转向主要采集在单位时间内方向盘转向幅度的平均值和转向次数。

刹车操作主要采集单位时间内刹车的次数以及踏踩深度的平均值。

油门操作主要采集单位时间内油门的踏踩深度的平均值。

离合操作主要采集单位时间内离合踏踩次数以及踏踩深度的平均值。

换挡操作主要采集单位时间内换挡次数。

7.2 检测方法与实施

一、检测设备

某驾驶模拟舱，该模拟舱的硬件主要包括：车辆、提供场景输出的4个投影仪、声频输出设备和8台计算机。另有一台计算机专门用作操作平台，该平台是所有操作、远程控制、命令服务器、实时监控系统的集合体，通过它可以实现整个系统的启动、错误信息显示、实时监控、故障诊断等一系列功能，并通过动态处理过程将软件的指令转化成数字信号，然后对信号进行转换、放大，实现对模拟舱的控制。该模拟舱能够实时记录驾驶操作行为和本车及周围车辆的位置和速度信息。

二、检测步骤

(1) 打开驾驶模拟舱工作环境，使驾驶模拟舱处于正常工作状态；

(2) 驾驶员熟悉驾驶模拟舱环境；

(3) 启动驾驶操作行为记录软件；

(4) 被试开始驾驶；

(5) 驾驶任务完成；

(6) 保持驾驶操作行为记录软件；

（7）关闭驾驶模拟舱环境。

7.3 数据处理与分析

采集原始数据格式如表7-1所示。

采集原始数据格式　　　　　　　　　　　　　　表7-1

##〔Drive Cabin〕							
##Version：Drive Cabin Ver 1.0							
##Data Start Time：2009-06-21 12：22：45							
##Data Rate：3							
##Data Type：Off line							
##Car ID：3							
##Data Format：Time	Speed	Clutch	Brake	Steering	Switches	Gear	Lane
0	0	1	0	0.00993	0	0	0
0.033	0	1	0	0.00993	0	0	0
0.067	0	1	0	0.00993	0	0	0
0.1	0	1	0	0.00993	0	0	0
0.133	0	1	0	0.00993	0	0	0

为了反映驾驶操作指标随时间变化规律，一般选择2min或5min的统计间隔进行分析。图7-1为2min间隔下方向盘转向频数—驾驶时间序列图。

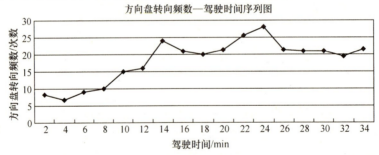

图7-1　方向盘转向频数随驾驶时间变化

第8章 驾驶员生理参数检测实验

8.1 概　　述

一、目的和意义

通过对驾驶员生理参数检测，获得驾驶过程中驾驶员生理相关参数，能够揭示驾驶员身体内部机能的变化情况，为解释诸多如驾驶负荷、驾驶疲劳等形成机理和评价指标提供数据支持。

二、主要检测指标

这里采集驾驶员生理信号主要包括脑电、心电和眼动，各信号的计算指标如下：

1. 脑电

采用快速傅里叶变换，对脑电信号按照 $\delta(0.5\sim4\text{Hz})$、$\theta(4\sim8\text{Hz})$、$\alpha(8\sim14\text{Hz})$、$\beta(14\sim30\text{Hz})$ 分成四个频段进行频谱分析。对电极 k 上第 j 频段内的功率谱密度进行积分，得到该频段功率 $G(j,k)$，则所有电极上第 j 频段功率为

$$G_j = \sum_k G(j,k) \tag{8-1}$$

则各频段相对功率为：

$$R_j = \frac{G_j}{\sum_j G_j} \tag{8-2}$$

式中　k——脑电电极；

　　　j——脑电信号频段；

　　$G(j,k)$——电极 k 上第 j 频段的功率；

　　　R_j——第 j 频段的相对功率。

2. 心电

主要是心率变异性信号的时域分析，对采集的 RR 间期数值按时间顺序排列，主要计算指标是心率（HR）和心率变异性指标（$SDNN$）。

对于心率正常的心电信号，计算公式如式（8-3）所示：

$$HR = 60/RR \text{ 间期} \tag{8-3}$$

心率变异性指标（$SDNN$），表示正常 RR 间期的标准差，计算公式如式（8-4）所示：

$$SDNN = \sqrt{\frac{\sum_{i=1}^{N}(RR_i - \overline{RR})^2}{N}} \tag{8-4}$$

3. 眼动

主要获取 $P80$ 和 $P70$ 等眼动指标，计算公式如式（8-5）所示：

$$P80 = \text{眼睑遮住瞳孔的面积至少超过 } 80\% \text{ 的时间} / \text{某设定研究时间周期} \tag{8-5}$$

8.2 检测方法与实施

一、检测设备

脑电信号、心电信号和眼动指标分别采用脑电仪、动态多参数生理检测仪和非接触式眼动仪。

二、检测步骤

1. 被试准备工作。生理检测设备属于高精密仪器，需要被试要做好充分准备，防止实验过程中的外界干扰。例如：佩戴脑电仪要求被试头发尽可能短，而且干净；佩戴心电仪之前要求被试佩戴身体部位干净。

2. 安装实验设备。按照仪器使用要求佩戴各个设备，特别是脑电仪的佩戴较为复杂，必须严格按照操作要求安装。当脑电帽上所有电极电阻小于 10Ω 时，说明电极导电效果良好，可以进行实验；同样，对于多动态多参数生理检测仪，当存储卡插入后指示灯为蓝色，说明心电仪正常工作；当眼动仪追踪标示能够准确追踪上被试眼睛时，说明该仪器可以进行实验。

3. 数据采集。需要特别强调的是在脑电数据采集中，由于脑电信号抗干扰能力差，要防止外界环境对脑电信号的影响。

8.3 数据处理与分析

针对研究的需要，分为频域指标和时域指标。频域指标主要包括：脑电信号的 δ、θ、α、β 的相对功率。时域指标主要包括：心率、心率变化率、$P80$ 等指标。

一般生理信号的初步数据分析是通过相关的专业软件来完成。

以脑电信号为例，图 8-1 是软件分析界面。通过该软件，对脑电信号进行频谱分析。结果如图 8-2 所示。

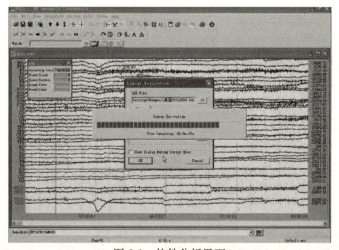

图 8-1　软件分析界面

第 8 章　驾驶员生理参数检测实验

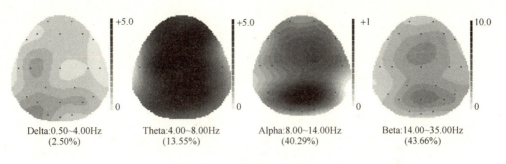

图 8-2　脑电各频段能量分布

中观层次

第9章 交通量调查

9.1 定义及相关术语

交通量是指单位时间内通过道路某一断面（一般分往返两个方向，如特指时可分为某一方向或某一车道）的车辆数（或行人数），又称为交通流量或流量。

平均交通量：取某一段时段间隔内交通量的平均值，作为某一期间交通量的代表。

年平均日交通量：一年365d测得的总交通量除以一年内的天数获得的交通量。

第30位小时交通量：也就是设计小时交通量，它是将一年中测得的8760h的交通量，从大到小按顺序排列，排在第30位的那个小时交通量。

道路方向分布系数：一条道路上往返两个方向的交通量，在很长时间内，可能是平衡的，但在短时间内，如一天中某几个小时，两个方向的交通量会有较大的不同，为了表示这种方向的不平衡性采用的系数，它是主要行车方向交通量与双向交通量的比值。

高峰小时交通量：在交通量呈现高峰的那个小时，称为高峰小时，高峰小时内的交通量称为高峰小时交通量。

高峰小时流量比：高峰小时交通量占全天交通量之比成为高峰小时流量比（以%表示），它反映了高峰小时交通量的集中程度，并可供高峰小时交通量与日交通量之间作相互换算之用。

扩大高峰小时交通量：将高峰小时内的高峰时段的交通量换算成的一小时的交通量。

高峰小时系数PHF：高峰小时交通量与高峰小时内某一时段的交通量扩大为高峰小时的交通之比。

9.2 交通量调查方法

测定交通量的方法可分为两种，即手工计数和自动计数。采用何种方法，主要取决于所能获得的设备、经费和技术条件、调查目的要求以及要求提供的资料情况等。

一、手工计数法

1. 人工计数法

人工纸上计数法是我国目前应用最广泛的一种交通量调查方法，只要有一个或几个调查人员，即能在指定的路段或交叉口引道一侧进行调查，组织工作简单，调配人员和变动地点灵活，使用的工具比较简单。除必备的计时器（手表或秒表）外，一般只需手动（机械或电子）计数器和记录用的记录板、纸和笔。

2. 摄像法

目前常利用摄像机作为便携式记录设备，可以通过一定时间的连续图像给出连续的交通流详细资料。在工作时要求将摄像机升高到工作位置（或合适的建筑物），以便能观测到所需的范围。将摄制到的录像，重新放映出来，按照一定的时间间隔利用人工来统计交通量。

这种方法搜集交通量或其他资料数据的优点是现场人员较少，资料可长期反复应用，也比较直观。其缺点是费用比较高，整理资料花费人工多。对于交叉口交通状况的调查，往往可采用摄像法。通常将摄像机安装在交叉口附近的某制高点上，镜头对准交叉口，连续摄像，可以得到最完全的交通资料，对于如自行车、行人交通量、分车种分流向的机动车交通量、车辆通过交叉口的速度及延误时间损失、车头时距、信号配时、交通堵塞原因、各种行人与车辆冲突情况等，均能提出令人信服的证据，并且资料可以长期保存。其缺点是费用大，内业整理工作量大。

3. 流动车法

流动车法是英国运输与道路研究室的沃尔卓普（Wardrop）和查尔斯沃斯（Charlesworth）在1954年提出来的方法，可用来测定某一路段上的交通量、行驶车速和行车时间等，是一种较好的交通综合调查方法。流动车一辆，计时器（手表或秒表），手动（机械或电子）计数器和记录用的记录板、纸和笔。流动车法一般需要有一辆测试车，小型面包车或工具车最好，吉普车或小汽车也可以，尽量不要使用警车等有特殊标志的车，以工作方便、不引人注意、座位足够容纳调查人员为宜。

二、自动计数法

目前世界上已经广泛采用自动装置进行交通量调查。由于自动装置的种类很多，因此只要选择适当，这种方法几乎适用于各种道路、交通和气候条件下的机动车交通量调查。自动装置可连续测记录24小时的交通量、一个月的交通量、一年的交通量，除一次性投资较大外，每小时花费较节省，特别适合于长期连续的交通量调查。随着计算机技术的迅猛发展，微型计算机和单片机的计算能力大大提高，目前自动装置都已经能分车道区分车型和流向，但大都不能调查非机动车和行人交通量。对于交通组成比较复杂的情况，如机非混行的情况，则常需辅之以人工调查。虽然我国近年来研制成功了自行车流量计数器，但其可靠性还有待于进一步提高。

自动装置主要由车辆检测器和计数器两部分组成。

1. 检测器主要类型

（1）气压式检测器

气压式检测器是横过车行道上并排放置的两根橡胶管，一端密封，另一端与计数器相连。当车辆通过橡胶管时，管中空气压力发生变化，以此传递来车信息。气压式检测器测得的是通过管子的车轴数，而不是车辆数。由于已知并排放置的两根橡胶管之间的距离（一般为 5～7m），计数器中的单片机根据同一车轴通过两根橡胶管的时间差，可以准确地计算出车速和轴距，由于不同类型的车辆的轴距和轴数有一定的规律性，根据轴距和轴数的分布规律，计数器在记录交通量的同时，可以分辨出车型和流向。

气压式检测器具有价钱便宜、便于移动、安装和维修简便等优点，因此使用比较广泛。其主要缺点是不能分出各车道的交通量，由于橡胶管直接放置在路面上，受来往车辆碾压，特别是当扫路车、铲雪车、防滑轮胎链、刹车链的碾压以及制动滑行时易于损坏；当无人看管时，易于被人偷盗，长期使用，橡胶易于老化，精度降低，冰雪以及温度变化较大时，也影响其精度。

安放气压式检测器的地点要选择适当。要使橡胶管与车辆行驶方向正交，避开车辆转向处，以免由于车辆与橡胶管斜交而发生重复计数。不要安放在车辆易发生滑溜的地方，如小半径曲线处。要避开行车易出现大的加速或制动的地方，如较陡的坡道上。要选择路面平整的地方，以免损坏橡胶管。要避开路侧停车的地点。在交叉口引道上，要安放在可能的排队长度以外。在其他可能出现车辆排队的地方如收费站、加油站等处也应同样考虑。

（2）电接触式检测器

电接触式检测器有固定式和便携式两种类型。所谓固定式即是将两组带有绝缘橡胶的电接点埋置于车行道路面之下，其顶面与路面齐平。当车辆通过时，电极接通，检测车辆。这种形式的检测器避免了气压式检测器的缺点，可以分车道统计交通量，但由于需要掘开路面，增加了安装的困难和费用。便携式是一条横过车行道的内有两组接点的电橡胶带，靠带内的电极是否接通传递来车信息，其优缺点及安装时的注意事项与气压式检测器相同。这种类型的检测器可以得到分车道、分方向、分车型的交通量、车速、车头时距等数据。

（3）光电式检测器

光电式检测器是由光源和光电管组成，通过光源是否被遮断使光电管感知车辆的有无。其主要优点是结构简单，可以和各种类型的计数器相连接。缺点是不能区分各车道的交通量，同时，停止的车辆以及行人或自行车遮断光源都会计数，在大交通量时精度较低。

光电式检测器的安装高度不易选择。其距地面的高度既不能是大型车的车轴高度，又不能是小轿车的车窗高度。光电式检测器不适用于交通量在 1000 辆/h 以上的双车道或多车道的道路，一般说来，只能用于统计卡车的交通量。

（4）雷达式检测器

雷达式检测器是根据多普勒效应（Doppler Effect）制成的，其精度很高，性能可靠，不受来往车辆碾压和气候的影响，也不存在老化问题，常与车速调查一起使用，通常安装在拟调查的车道中心上方，因此可得到每车道的交通量。但是雷达式检测器的价格和维修费用比其他类型的检测器都高。

（5）磁场式检测器

磁场式检测器有主动式和被动式两种类型。都是根据车辆通过引起磁场变化的原理获得来车信息的。所不同的是前者形成自身的电磁场，后者不形成磁场，而是利用地磁场。磁场式检测器可避免气压式检测器的缺点，不受路上交通的影响，也不受冰、雪等恶劣气候的影响，可以分车道检测。但检测线圈的安装麻烦，需掘开路面，且不易维修。便携式磁场型交通量检测仪，尽管安装和使用方便，但价格昂贵，且一个仅能检测一个车道。

（6）超声波式检测器

超声波式检测器是利用超声波发生器向地面发射超声波，通过鉴别其反射波来感知车辆的有无。其优点是精度很高，很少受来往车辆碾压的影响，也不受气候的影响，缺点是成本高，不管是停止的车辆还是行人，只要通过探头下方都能记数，通常将超声波探头安装在车行道上方中心，可以分车道检测。

（7）红外线式检测器

红外线式检测器有两种类型，一是发出红外线使路上车辆传感的主动式检测器，一是检测路上行车热线的被动式检测器。其优缺点及安装方法与超声波式检测器相同。

（8）视频检测

视频检测有两种类型，一是利用摄像机，在录像带上记录一个断面的连续交通流信息，然后在室内利用专门的视频处理设备，对交通流信息进行事后处理；另一种是利用安装在交通设施上方的摄像头，通过专用电缆把连续的交通流图像传输至专门的视频处理设备，交通流信息进行实时处理。进行数据检测时，镜头应在交通设施上方7~10m左右，迎着或逆着车辆运行方向进行摄像。视频处理设备可以同时连接2~4台摄像机进行视频检测，每台摄像机的视野中可以布置255个虚拟检测线圈，可以分车道、分流向、分车型获得交通量、车速、占有率、车头时距、延误等数据。视频检测设备安装方便，应用广泛，精度较高，省时省力，但设备成本比较高，安装要求比较高，且直接影响视频检测精度。

2. 计数器的主要类型

（1）数字式计数器

数字式计数器直接显示出车辆累积数的当前值。由于没有打印设备，要求使用者在预先设定的周期起点和终点分别记下读数，二者之差就是该周期内的车辆数、通常使用的机械式计数器和数字显示的电子计数器均属此类。

（2）录带式计数器

录带式计数器装有纸带，定时自动打印。通常是每15min或1h打印一次累积数、一小时后自动归零。这种计数器曾经在美国普遍应用。

（3）环形图表式计数器

环形图表式计数器装有绘图笔和环形坐标纸，径向坐标为交通量，环向为时间，可以自动画出车流量曲线，每一周期完后，绘图笔自动归零。需要注意的是，这种计数器对于5、10、20、30和60min的时间间隔能记录交通量的范围为0~1000辆。根据装备情况，这种计数器能以一定的周期连续记录24h或一周的交通量。

（4）计算机式计数器

计算机式计数器装有微型电子计算机或单片机，能连接各种检测器，利用各种软件根据用户需求自动处理资料，并自动输出用户定制的交通信息，能存储大量资料，且可以长期保存，精度很高，性能可靠，且价钱便宜，是目前国内外应用最为广泛的计数器。选用何种类型的检测器以及配接何种类型的计数器，要根据观测目的、观测对象、设备性能、可能性及费用等条件决定。我国目前已研制出多种检测器和自动记录仪，选用时认真阅读使用说明书，注意其特性和适用条件。

检测器与计数器多以专用电缆（或光缆）连接。有些永久性观测站只装有传感器，将信息传到记录中心，此时除用电缆连接外，还可以使用租赁的电话线，或用无线电传送。

9.3 道路交通量调查

调查目的：获取道路全年完整的交通量数据，摸清交通量的变化规律，求出交通量的各种变化系数,供其他仅有局部数据的观测站或条件类似的路段推算年平均日交通量。

一、人工计数法

调查设备:

计时器(手表或秒表),手动(机械或电子)计数器和记录用的记录板、纸和笔。

人员分工:

连续观测站全年365d,每天24h,按劳动强度大小,双方向11种车型,每种车型安排1人观测,每人观测3种车型,每班3~5人,机动人员可供临时休息,全天昼夜一般分3~4班轮流,间隙观测站每月1~3次,每次12~16h,每班3~5人,每次2~3班即可。临时观测站根据实际情况合理安排。

调查步骤:

1. 视察现场,选择收集数据的地点和时间

根据各个观测站的目的不同,合理选择地点和时间。

在连续观测站,全年365天观测,每天昼夜连续观测24h,来去车辆不分,合并计数,按小时记录各种车型的绝对数,而后换算成解放牌中型载货汽车的当量汽车车辆数。因此要选择没有出入口的路段作为调查地点。

间隙观测站是连续观测站的辅助性测站,与连续观测站设在同一公路的不同路段上,或设在性质相似的不同公路上。在间隙观测站上每月观测1~3次,具体日期可自行规定。凡经过长期观测已得出白天交通量比重,即K_{12}~K_{16},可只在白天观测12~16h。12小时观测是从7:00~19:00。16小时观测是从6:00~22:00。观测所得到的资料,可配合连续观测站分析路段的交通量变化规律,或推算本站的年平均日交通量。围绕一个连续观测站可设几个甚至十几个间隙观测站。在间隙观测站上的观测内容与填报要求与连续观测站相同。

如果特殊需要观测某一路段或某一交叉路口的交通量,但该处原来未设观测站时而临时补充设立的观测站,完成观测任务后,观测站就撤销。

观测站附近,如本路或平行路正在维修,附近桥梁维修,因偶然因素发生车阻塞等异常情况时,应在记录中详细注明,以免造成分析错误。

2. 收集并记录数据

观测的数据是每5min或15min的增量,即在记录表中每15min记录一次,全天24h进行观测,在开始之前,记录好每5min或15min观测期的时间标记。然后启动秒表,每班工作人员开始交通流量计数。在每个时间段内,经过该道路断面的双方向的每一辆车的方式都要分车型记录下来,大型车、中型车、小型车等,按照数据收集表中设计的进行填写。在每一个5min或15min段的最后,观测者继续计数并且将数据记录,直到计数时段结束。在计数时段内发生的碰撞或其他紧急事件应该会影响交通流量,那么观测者应该剔除这些数据,并且在数据记录表中进行详细说明。

3. 在离开区域之前检查一下工作

在每次交接班之前,检查一下数据表是否全部完成。像天气、地点、街道名称、观测者姓名等这样的项目应该检查一下。任何异常的观测应该在后面备注一栏列出。

二、摄影法

设备仪器:

摄像机1台,记录板,笔,纸,标签,磁带,备用电池。

人员分工：

连续观测站每班 1~2 人，每天 2~3 班轮流值班，间隙观测站每班 1~2 人，每次 2 班即可。临时观测站根据实际情况合理安排。

调查步骤：

将摄像机准备安装好后，即可开始录制，注意中途磁带切换工作，一般 1~3h 换一次，根据磁带容量而定，如果是先进的摄像机则只要保证电量充足即可。等待结束时注意保存，并确认保存完好。回放录制的摄像，采取人工法进行计数。

9.4 平面交叉路口交通量调查

为了获得有关交通量的实况、通行能力、流向分布、交通量变化及高峰小时交通量和交通组成等方面资料，以便对交叉口的运行效能做出准确的评价，提出交通管理、控制措施或改建、扩建方案。

一、人工计数法

调查设备：

计时器（手表或秒表），手动（机械或电子）计数器和记录用的记录板、纸和笔。

人员分工：

机动车分流向分车种调查，每个进口 3 人，一人一个方向即左转、直行、右转，每人负责每个方向的所有车型，每个交叉口 12 人；非机动车流量调查，每个方向 1 人，每个进口道 3 人，每个交叉口需要 12 人；行人流量调查，每个进口道 1 人，每个交叉口 4 人。

调查步骤：

1. 视察现场，选择收集数据的地点和时间

在将要收集数据的时间前后去看一下现场的情况是非常重要的。如果目的是确定交叉口在高峰小时的交通量供以后分析使用的话，观测者首先应该获取这交叉口之前或一条或几条邻近道路的数据。这些数据应该暗含着一天的高峰小时交通量会在什么时间发生。在以前数据缺失的情况下，观测者应该采用机器进行计数，或者另外观测交通的高峰情况来确定高峰小时流量。转向交通量计数应该至少在计划的高峰小时前一小时开始一直持续到计划的高峰小时之后一小时。

分车型分流向调查方法中观测员的位置对交通流量的统计是没有影响的。所以观测者的位置选择只需考虑其对道路的最佳观测视野，不必考虑会影响数据的准确性。

调查日应避开雨、雪等恶劣的天气以及星期六和星期日、节假日和公休日，除非调查是针对这种情况进行的。对于以路口改建前后对比研究为目的交通量调查，要使两次调查的时间、地点、方法、气候条件尽可能相同。

2. 收集并记录数据

观测数据的计数间隔一般为 5min 或 15min，即在记录表中每 5min 或 15min 记录一次，计数的全过程一般要 3h。在开始之前，记录好每 5min 或 15min 观测期的时间标记。然后启动秒表，开始交通流量计数。在每个时间段内，进入交叉口的每一辆车的方式要记录下来，当它在交叉口时是左转、右转还是直行，或者是分进口道的大型车、中型车、小型车等，按照数据收集表中设计的进行填写。在每一个 5min 或 15min 段的最后，观测者

继续计数并且记录数据,直到计数时段结束。在计数时段内发生的碰撞或其他紧急事件应该会影响交通流量,那么观测者应该剔除这些数据,改天再重新观测。

3. 在离开区域之前检查一下工作

在离开区域之前,检查一下数据表是否全部完成。像天气、地点、街道名称、观测者姓名等这样的项目应该检查一下。任何异常的观测应该在后面备注一栏列出。

二、摄影观测法

调查设备:

摄像机,记录板,笔,纸,标签,磁带,备用电池。

人员分工:

交叉口的每个进口道一台摄像机,一般 1~2 人负责,一个交叉口 4~8 人,也可以将摄像机放在高处拍摄整个交叉口的,这种情况只需要 1~2 人,这种情况要有物理条件,比如附近有高建筑物,且视觉开阔。

调查步骤:

将摄像机准备安装好后,即可开始录制,注意中途磁带切换工作,一般 1~3h 换一次,根据磁带容量而定,如果是先进的摄像机则只要保证电量充足即可。等待结束时注意保存,并确认保存完好。回放录制的摄像,采取人工法进行计数。

注意事项:

研究路口通行能力,有时要用到饱和交通量。当路口交通量已经饱和时,例如一个周期的绿灯期间,每一方向排队等候的车辆均不能全部放行,饱和交通量不难获得。当交通量达不到饱和的情况时,有时要用"阻车"法来人为地使其饱和,即利用原有路线上的车辆,使其在短时间内暂停通行,待各入口引道上积累了一定数量的车辆后再放行,这时进行观测便可获得饱和交通量。这一方法,除非确有必要,否则不要随意采用。因此方法实施起来有很大困难,容易发生交通事故,造成交通阻塞,给群众带来诸多不便。实施时要和交通管理部门密切配合,对参加人员明确分工,另外要避开上下班的高峰时间,尽可能缩短堵车时间。

9.5 路网交通量调查

调查目的:通过交通量调查获取数据,绘制某一区域道路网的交通流量图,以供运输规划、路网规划、编制道路养护维修计划等使用。

一、人工计数法

调查设备:

计时器(手表或秒表),手动(机械或电子)计数器和记录用的记录板、纸和笔。

人员分工:

连续观测站,每周一天,每天 24h,分方向每个方向每 2~3 种车型安排 1 人,每班 3~5 人,机动人员可供临时休息,全天昼夜一般分 3~4 班轮流,间隙观测站每月 1~3 次,每次 16h,每班 3~5 人,每次 2~3 班即可。临时观测站根据实际情况合理安排。

调查步骤:

1. 视察现场,选择收集数据的地点和时间一个路网交通量调查一般由连续观测站、间隙观测站、补充性观测站组成，因此要协调各个观测站有序进行，确保数据的完整性，首先应该分析整个路网，安排好各观测站的位置，确定观测站系统。如果在调查地区已有连续观测站，可不必再重新设置。

连续观测站的目的在于获得城市道路系统上交通量的变化规律，求出有关变化系数，推算年平均日交通量。连续观测站设置在所有主干道上，同时，为简化观测工作量，在连续观测站可每周观测一次，且每次观测的周日轮流更换。例如第一周在星期一，第二周在星期二，直到第七周在星期日观测，每天昼夜连续观测 24h，来去车辆不分，合并计数，按小时记录各种车型的绝对数，而后换算成解放牌中型载货汽车的当量汽车车辆数。因此要选择设有出入口的路段作为连续观测站。

间隙观测站是连续观测站的辅助性观测站，可设在次要道路上，如城市较小可分别在商业区、工业区、居住区道路上总共建立 3~9 个间隙观测站。间隙站一般每月观测 1~3 次，或者每个月选星期一至星期五中的一天，或一般每三个月连续观测一周，但要避开交通量异常的日子和开放夜市的夜间。在间隙观测站上凡经过长期观测已得出白天交通量比重，即 K_{12}、K_{16}，可只在白天观测 12~16h，每隔一个月增加一个星期日进行 24h 观测。12 小时观测是从 7：00~19：00。16 小时观测是从 6：00~22：00。观测所得到的资料，可配合连续观测站分析城市道路的交通量变化规律，或推算年平均日交通量。在间隙观测站上的观测内容与填报要求与连续观测站相同。

补充观测站遍布整个拟调查的区域。其间距根据人力和设备条件确定，一般规定郊区干线公路 3~5km 一个，城区 1.5km 左右一个，在交通量变化较大的地点还需增设。补充性观测站通常采用人工计数，选择星期一至星期五中的一天做 24h 或 48h 连续观测。

2. 收集并记录数据

观测的数据是每 5min 或 15min 的增量，即在记录表中每 15min 记录一次，全天 24h 进行观测，在开始之前，记录好每 5min 或 15min 观测期的时间标记。然后启动秒表，每班工作人员开始交通流量计数。在每个时间段内，经过该道路断面的双方向的每一辆车的方式都要分车型记录下来，大型车、中型车、小型车等，按照数据收集表中设计的进行填写。在每一个 5min 或 15min 段的最后，观测者继续计数并且将数据记录，直到计数时段结束。在计数时段内发生的碰撞或其他紧急事件应该会影响交通流量，那么观测者应该剔除这些数据，并且在数据记录表中进行详细说明。

3. 在离开区域之前进行检查工作

在每次交接班之前，检查数据表是否全部完成。像天气、地点、街道名称、观测者姓名等这样的项目应该进行检查。任何异常的观测应该在后面备注一栏列出。

二、摄影法

设备仪器：

摄像机 1 台，记录板，笔，纸，标签，磁带，备用电池。

人员分工：

连续观测站每班 1~2 人，每天 2~3 班轮流值班，间隙观测站每班 1~2 人，每次 2 班即可。临时观测站根据实际情况合理安排。

调查步骤：

将摄像机准备安装好后，即可开始录制，注意中途磁带切换工作，一般 1~3h 换一次，根据磁带容量而定，如果是先进的摄像机则只要保证电量充足即可。等待结束时注意保存，并确认保存完好。回放录制的摄像，采取人工法进行计数。

9.6 小区出入交通量调查

一、人工计数法

调查设备：

计时器（手表或秒表），手动（机械或电子）计数器和记录用的记录板、纸和笔。

人员分工：机动车调查，分方向每个方向每 2～3 种车型安排 1 人，每班 3～5 人，机动人员可供临时休息，全天一般分 2 班轮流。行人调查，每个方向 1 人，每个观测断面 2～3 人。

调查步骤：

1. 视察现场，选择收集数据的地点和时间

对中心商业区进行系统分析，确定好中心区观测站系统，确保调查工作的顺利开展。

一般说来，每一条道路与拟调查区域的境界线的交点处都要设立观测站，对于某些交通量很小的街道也可以不进行调查，但必须保证这些不进行调查的街道上的总交通量不得超过总出入交通量的 3%～4%。观测断面要选在路段上，以避免由于存在转向车辆而造成的重复计数。

为了减少观测站的数量，境界线应尽量利用天然的或人为的分隔线，如河流、区界线等等，但不要选在道路的中线上。划定的区域要包括所有通过主要临街商店的道路，避免在境界线上有较大的临街商业网点。

为获得发展趋势而进行的中心商业区出入交通量调查应每年进行一次，选择星期二、三、四中的一天，要求其所在月份的月平均日交通量最好接近年平均日交通量，逐年调查的日期要保持在同一个月的同一周。若为了获得中心商业区出入交通量的峰值，应选择商业活动集中的节假日进行观测。每次调查通常持续 12h，从 7:00～19:00，根据当地的实际情况，也可以延长到 16h，从 6:00～22:00。一般每 15min，累计一次交通量统计数。因此要选择没有出入口的路段作为连续观测站。

2. 收集并记录数据

观测的数据的计数间隔一般为 15min，即在记录表中每 15min 记录一次，白天 12～16 小时进行观测，在开始之前，记录好每 15min 观测期的时间标记。然后启动秒表，每班工作人员开始交通流量计数。在每个时间段内，经过该道路断面的双方向的每一辆车的方式都要分车型记录下来，大型车、中型车、小型车等，或者进出道路断面的行人进行计数，按照数据收集表中设计的进行填写。在每一个 15min 段的最后，观测者继续计数并且将数据记录，直到计数时段结束。在计数时段内发生的碰撞或其他紧急事件应该会影响交通流量，那么观测者应该剔除这些数据，并且在数据记录表中进行详细说明。

3. 在离开区域之前检查一下工作

在每次交接班之前，检查一下数据表是否全部完成。像天气、地点、街道名称、观测者姓名等这样的项目应该检查一下。任何异常的观测应该在后面备注一栏列出。

二、摄影法

设备仪器：

摄像机一台，记录板，笔，纸，标签，磁带，备用电池。
人员分工：
观测站每班 1~2 人，每天 2~3 班轮流值班，根据实际情况合理安排。
调查步骤：
将摄像机准备安装好后，即可开始录制，注意中途磁带切换工作，一般 1~3 小时换一次，根据磁带容量而定，如果是先进的摄像机则只要保证电量充足即可。等待结束时注意保存，并确认保存完好。回放录制的摄像，采取人工法进行计数。

9.7 交通量数据整理与分析

1. 计算年平均日交通量

先求出一年 12 个月 365d 交通量之和，然后再除以一年的总天数，即可得到 AADT。

$$AADT = \frac{1}{365}\sum_{i=1}^{365} n_i \tag{9-1}$$

n_i——每日交通量，辆。

2. 计算月平均日交通量

先求出该年各月交通量的总和，再除以一个月的实际天数，就可以得到各月的 MADT。

$$MADT = \frac{1}{K_m}\sum_{i=1}^{K_m} n_i \tag{9-2}$$

K_m——各月的实际天数，d。

n_i——每日交通量，辆。

3. 计算各周日的日交通量

按照全年所有个周日的交通量分别相加，然后除以这一年的各个周日的总天数计算出全年各个周日的平均日交通量 ADT。

$$ADT = \frac{1}{K_D}\sum_{i=1}^{K_D} n_i \tag{9-3}$$

K_D——一年中某个周日的总天数，一般为 52d。

4. 计算月交通量变化系数（M）

用年平均日交通量 AADT 分别除以每个月的月平均日交通量 MADT，即可得到月交通量变化系数 M。

$$M = \frac{AADT}{MADT} = \frac{\frac{1}{365}\sum_{i=1}^{365} n_i}{\frac{1}{K_m}\sum_{i=1}^{K_m} n_i} \tag{9-4}$$

5. 计算周日交通量变化系数

以年平均日交通量分别除以各周日的平均日交通量，即可得到周日交通量变化系数 D。

$$D = \frac{AADT}{ADT} = \frac{\frac{1}{365}\sum_{i=1}^{365} n_i}{\frac{1}{K_{mD}}\sum_{i=1}^{K_{mD}} n_i} \tag{9-5}$$

6. 推算年平均日交通量（AADT′）

利用上述公式得到的 M、D 系数，根据一年中某一天的实际观测值，即可推算该年的年平均日交通量 $AADT'$。

$$AADT' = DT \times M \times D \tag{9-6}$$

DT——实测某天的日交通量，辆/d；

M——观测日所在月份的月交通量变化系数；

D——观测日的周日交通量变化系数。

利用上式计算 $AADT'$，必须根据积累多年交通量资料后获得的 M 值及 D 值。计算的结果只能是近似的。因为日交通量是一个随机的变量。但是利用此公式可以节省一定的人力和时间，在缺乏资料、时间仓促或作预估推算时，还有一定用处。

7. 白天 16h 交通量系数 K_{16}

$$K_{16} = \frac{16h\,平均交通量}{平均日交通量} \times 100\% \tag{9-7}$$

8. 方向分布系数 K_d

$$K_d = \frac{主要方向行车交通量}{双方向总交通量} \times 100\% \tag{9-8}$$

9. 高峰小时系数 PHF

$$PHF = \frac{高峰小时交通量}{扩大高峰小时交通量} \times 100\% \tag{9-9}$$

10. 第 30h 小时系数 K_{30}

$$K_{30} = \frac{第\,30\,位年最高小时交通量}{年平均日交通量} = \frac{30HV}{AADT} \tag{9-10}$$

AADT、MADT、M 值计算表　　　　　表 9-1

月份	一	二	三	四	五	六	七	八	九	十	十一	十二	全年
该月份的累计交通量													
该月的天数													
MADT													AADT=
M													

ADT、D 值计算表　　　　　表 9-2

周日	一	二	三	四	五	六	日
该周日全年累计交通量							
该周日的全年天数							
该周日的 ADT							
D							

年平均日交通量的相对误差为

$$E = \frac{AADT_{计算} - AADT_{实测}}{AADT_{计算}} \times 100\% \tag{9-11}$$

交通量观测站分小时登记表　　　　　　　　　　　表 9-3

国（省）道路线与断面编号：　　　　　观测时间：年　月　日
观测站地名与桩号：　　　　　　　　　天气：

数量＼车种　时间	小型汽车	普通汽车	铰接车	拖拉机	机动二、三轮车	小计
0∶00～1∶00						
1∶00～2∶00						
2∶00～3∶00						
3∶00～4∶00						
4∶00～5∶00						
5∶00～6∶00						
6∶00～7∶00						
7∶00～8∶00						
8∶00～9∶00						
9∶00～10∶00						
10∶00～11∶00						
11∶00～12∶00						
12∶00～13∶00						
13∶00～14∶00						
14∶00～15∶00						
15∶00～16∶00						
16∶00～17∶00						
17∶00～18∶00						
18∶00～19∶00						
19∶00～20∶00						
20∶00～21∶00						
21∶00～22∶00						
22∶00～23∶00						
23∶00～24∶00						
24h 合计						

第10章 饱和流率调查

10.1 概　　述

一、饱和流率的定义

饱和流率是指信号控制交叉口的一个车道，在1h绿灯时间内车辆放行的最大流率。一般在绿灯启亮10~14s后测量，该时间对应着绿灯启亮后第4~6辆小客车前轴通过停车线。

理想的饱和流率是在车道宽度为3.6m，只有直行客车，并不受诸如坡度、停车、转弯机动车辆影响下，放行排队车辆的流率。

二、饱和流率调查的目的

用来评定信号交叉口进口道的车辆通行能力。

10.2　调查方法与实施

一、人工观测法

当调查条件受到限制或者调查的目的是培训学生实际观测的情况下，在合适的时间内，调查人员用比较简单的记录工具，直接去交叉口现场实际观测的方法，该方法需要的调查人员数量比较多，除非只测量一个进口道某车道的情况。

二、摄像观测法

目前常利用摄像机作为便携式记录设备，可以通过一定时间的连续图像给出连续的交通流详细资料。在工作时要求将摄像机升高到工作位置（或合适的建筑物），以便能观测到所需的范围。将摄制到的录像，重新放映出来，按照人工观测的方法进行统计。

10.3　人工观测法调查

一、调查设备

秒表、对讲机。

二、调查人员

每个进口道每个车道需要观测人员2~3名，每个交叉口需要8~12名。

三、调查步骤

首先，到交叉口现场选择一个比较适合采集数据的位置。

其次，观测人员带好调查用品直接到达观测的地点，准备调查。一名观测员站到停车点（一般以停车线为准），另一观测员停在排队车辆的最后面。绿灯开始的一刻，观测员开始启动秒表，记录车辆的排队长度，当第四辆车的后轴通过停车点时，在调查表上记录那一刻的时间，直到排队车辆的最后一辆车通过停车点，记录此刻时间，并且记录绿灯时间结束的时间，把时间记录在调查表上。当绿灯时间结束了，车辆还未全部通过，记录绿灯结束时间后，车辆利用黄灯或全红时间通过交叉口时，继续记录最后一辆车通过停车点的时间，直到测完 15 个周期的数据。

最后，确认调查的数据已经没有问题后，方可离开调查地点。

四、注意事项

1. 饱和流率调查只限定于有信号交叉口。
2. 测量和记录调查车道所在的地区类型、车道宽度和坡度，选择观测点，被调查车道的停车线和信号清晰可见。
3. 开始测量的时间要在绿灯开始 10~14s 之后，通常是在第四辆车开始记录。
4. 当车辆受阻挡时，要记录受阻挡的原因。

绿灯启亮时，记录员注意停车排队的最后一辆车，将最后一辆车的信息告诉计时员，计时员启动秒表告诉记录员当排队中每辆车前轴通过停车线时统计车数，并记录越过停车线时间，高喊出排队车辆中第 4 辆、第 10 辆和最后一辆车前轴通过停车线的时刻。

5. 测量是按周期进行的，为了简化每周期的数据，将记录的队列中最后一辆车时间减去第 4 辆车的时间，即是 ($n-4$) 辆车的总的车头时距，其中 n 为调查的最后一辆车（可能不是排队的最后一辆车），用第 4 辆车以后的总车头时距除以 ($n-4$) 可得到饱和交通流的平均车头时距。饱和流率就等于 3600 除以平均饱和车头时距的值。

五、数据整理与分析

饱和流率调查表　　　　　　表 10-1

交叉口：_____　地区类型：_____　车道：_____　允许转向：_____
日　期：_____　时　间：_____　天气：_____　调 查 员：_____

排队长度	周期1	周期2	周期3	周期4	周期5	周期6	周期7
1							
2							
3							
4							
5							
6							
7							
8							
9							
10							
11							
12							
13							
14							
15							
绿灯时间							
周期长度							
黄灯和全红时间利用							

该表作为现场调查的数据记录表，将调查收集到的数据及时输入到调查表中，一般要记录 15 个周期的数据。

第10章 饱和流率调查

饱和流率调查数据分析表   表 10-2

交叉口：_____ 地区类型：_____ 车道：_____ 允许转向：_____
日　期：_____ 时　　间：_____ 天气：_____ 调 查 员：_____

周　期	第四辆车通过时刻 T_4	排队长度 N	第 N 辆车通过时刻 T_n	平均车头时距	饱和流率	启动延误	清空时间利用
1							
2							
3							
4							
5							
6							
7							
8							
9							
10							
11							
12							
13							
14							
15							
绿灯结束时间							
周期长度							
黄灯和全红时间利用							

该表作为调查数据的处理表，将现场调查的数据进行汇总，计算处理。

$$\text{平均车头时距} = \frac{(T_n - T_4)}{(N-4)} \tag{10-1}$$

$$\text{饱和流率} = \frac{3600}{\text{平均车头时距}} \tag{10-2}$$

$$\text{启动延误} = (T_4 - 4) \times \text{平均车头时距} \tag{10-3}$$

$$\text{有效绿灯时间} = \text{绿灯时间} - \text{启动延误} + \text{清空时间} \tag{10-4}$$

$$\text{车道通行能力} = \frac{\text{有效绿灯时间}}{\text{周期长度}} \times \text{饱和流率} \tag{10-5}$$

通过式（10-1）至式（10-5）可以得出调查的车道的通行能力。

10.4 摄像观测法调查

一、调查设备

摄像机、对讲机及相关用品。

二、调查人员

每个进口道每个车道需要观测人员1名,每个交叉口需要3~4名。

三、调查步骤

首先,到交叉口现场选择一个比较适合架设摄像机的位置。

其次,观测人员带好调查用品直接到达确定的观测地点,准备安装摄像机,开始调查。达到要录制的时间后,结束调查。

最后,确认调查的数据已经完好保存,调查的相关信息填写完整后,方可离开调查地点,回实验室按照人工观测法进行录像回放记录数据。

四、注意事项

1. 饱和流率调查只限定于有信号交叉口。

2. 测量和记录调查车道所在的地区类型、车道宽度和坡度,选择观测点,被调查车道的停车线和信号清晰可见。

3. 录像回放记录时,开始测量的时间要在绿灯开始10~14s之后,通常是在第四辆车开始记录。

4. 当车辆受阻挡时,要记录受阻挡的原因。

绿灯启亮时,记录员注意停车排队的最后一辆车,将最后一辆车的信息告诉计时员,计时员启动秒表告诉记录员当排队中每两车前轴通过停车线时统计车数,并记录越过停车线时间,高喊出排队车辆中第4辆、第10辆和最后一辆车前轴通过停车线的时刻。

5. 测量是按周期进行的,为了简化每周期的数据,将记录的队列中最后一辆车时间减去第4辆车的时间,即使($n-4$)辆车的总的车头时距,其中 n 为调查的最后一辆车(可能不是排队的最后一辆车),用第4辆车以后的总车头时距除以($n-4$)可得到饱和交通流的平均车头时距。饱和流率就等于3600除以平均饱和车头时距的值。

6. 如果调查地点合适,有高大建筑物,仅用一台摄像机,1~2名观测员,即可收集整个交叉口的数据,回实验室后按照每个进口利用人工观测的方法重新记录。

7. 调查时,调整好要拍摄的范围,保证摄像机视野全部涵盖整个调查范围,保证不遗漏数据,保证镜头不被行人或其他建筑物遮挡,注意保护好摄像仪器,防止因中途损害而丢失数据。

五、数据整理与分析

详见本章第三节人工观测法。

第11章 车速调查

进行车速调查便于掌握某地点车速分布规律及速度变化趋势，了解道路上车辆的运行情况，用来评价道路服务水平，判断交通改善措施的成效。它将为道路分流与改建提供依据，为交通事故分析提供基础数据，确定道路限制车速，设置交通标志，改善局部地点的交通情况等，因此车速成为交通流理论研究的重要参数之一。

11.1 概　　述

一、定义及相关术语

车速是单位时间内车辆所行驶的距离，单位一般是 km/h 或 m/s，要调查的车速一般分为地点车速和区间车速。

地点车速：车辆通过道路某一地点（道路某断面）的车速，也称瞬时车速。

区间车速：也称行程车速，它是车辆行驶在道路某一区间的距离与行程时间的比值。行程时间包括行驶时间和中途受阻时的停车时间。它是评价道路行车畅通程度与分析车辆发生延误原因的重要数据。

行驶车速：也称运行车速，是车辆行驶在道路某一区间的距离与行驶时间的比值。行驶时间是行程时间扣除因阻滞而产生的停车时间。行驶速度是衡量道路服务质量、估算路段通行能力及延误的主要参数。

运营车速：车辆在运输路线上的周转速度即车辆行驶距离与运营时间的比值。

临界车速，也称最佳速度，指通行能力最大时的车速。

设计车速：在道路几何设计要素具有控制性的特定路段上，具有平均驾驶技术水平的驾驶员在天气良好、低交通密度时所能维持的最高安全速度。设计车速是道路几何设计的基本依据，也是表明道路等级与使用水平的主要指标。

二、观测地点的选择

地点车速观测地点应选择在交叉口之间、线形平直、间距较大而又无路侧停车和行人等干扰影响的路段。对于某些拟测的特定地点，如交通事故频发地点、拟限制行车速度地段、准备设置交通信号与交通标志的地点的车速调查，可不受上述限制，根据目的设站观测。前后对比调查应保证两次调查地点不变，旨在收集基本数据的调查应选择典型路段。

三、调查时间

地点车速调查应选择气候良好和交通情况正常的日子进行。调查的具体时间取决于调查目的和用途。为了调查车速限制、收集基础数据等一般性调查，应选择非高峰时段，如：9：00～17：00，14：30～16：00，19：00～21：00。如做前后对比调查或长期观测，应尽可能使先后调查时间和交通流状况保持一致。

11.2 车速调查方法

一、人工观测法

用人工法调查地点车速最常用的就是秒表测速法，即在要调查的地点，量测一小段距离 L（一般在 20~25m 左右），在两端做好标记（或采用建筑物等作为标记），观测员用秒表测定各种类型车辆经过两标记的时间，记录员记录好量测的距离，以及经过两个标记的时间，然后通过计算，整理即可得到各类型车辆的地点车速。

二、雷达测速法

这种方法是目前现代交通管理中常使用的一种方法，用以监测道路上的超速违章车辆，最常用的仪器是雷达测速仪和雷达枪。只要用测速雷达瞄准前方被测车辆，即能读出该车辆的瞬时车速。这是根据反射波的多普勒效应原理来完成测定车速的一种方法。即用雷达枪向车辆发射雷达束，根据运行对象的速度与发射到对象的雷达束往返之间频率上的变化成正比的定律，雷达仪将这种变化转变为以 km/h 计量的车速的直接读数。许多雷达仪（枪）都附带有自动记录器，提供永久性的记录。

由于不能从行驶车辆的正面发射和接收雷达束，所以这种方法有一定的误差。其误差与雷达束方向和道路中线之间夹角的余弦成正比。例如，夹角 15° 产生的误差约为 3.5%。

这种方法的优点是操作简单，设备安装和移动方便，而且不易于被驾驶员发觉，特别适合于交警用来纠正违章超速行车。但其价格较昂贵，而且在交通量较大或多车道道路上，要鉴别所有车辆的速度是困难的。

三、气压法

这种方法通常是在道路一个固定间距的每段横越车道各设置一根充气橡皮管，当车辆通过第一根管子时，压着管子一瞬时产生了空气冲击波，从而触发计时装置开始计时，当车辆的该轮通过第二根管子时，计时装置就自动停止。计时的数据可由观测员读记，也可借用自动数据记录器记下。由于距离 L 是已知的，记录下通过时间 t，则可由 $V=L/t$（m/s）或 $V=n/t$（km/h）计算车速。如果有双向车流，为了测量另一行驶方向的车辆，可安装一个调换开始和停止计时方向的装置。

四、光电管法

此法如图 11-1（a）所示，将光源放在路侧的 A、B 两点，将光电管放在道路另一侧 C、D 两点，分别接收由 A、B 两点来的光束。车辆通过时就会遮断光束，使接通的继电器移动电笔，在滚动纸上记下符号。如果从 A、B 两点记入的符号能平行于同一滚动纸上，如图 11-1（b）所示，则通过 A 点的第一辆车在 A 线上记下 a1，第二辆车记下 a2，直至 n 辆车，记下 an。通过 B 点也同样在 B 线上记下同样车辆 b1、b2……bn。于是，如果已知从 a1 向 B 线的投影 a'1 到 b1 的长度 l，就可以知道从 A 到 B 所需的时间 t，A、B 的距离为已知，所以即可求得车速。但是，当 A、B 间距离比较长、自动记录同一车辆时，应为 a3b3a4b4；如果有超车现象时，就容易在整理记录时错误地记为 a3b4a4b3，因此，观测员在整理与观测时要注意超车情况。

五、检测器法

检测器的类型有很多种，有电感式、环状线圈式和超声波式等，它们均可以设置在固

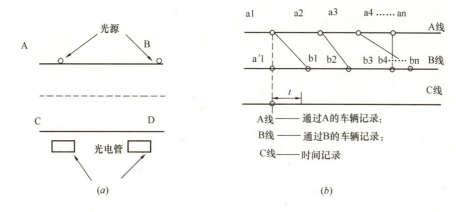

图 11-1 光电管法原理示意图

定检测站上同时检测流量和流速。

在测速地点取一小段距离,两端均埋设检测器,车辆通过前后两检测器时即可发出信号,并传送给记录仪,记录下车辆通过前后两个检测器的时间,从而算得车速。当测速精度不高时,也可以采用一个检测器进行检测,测量前后轴通过检测器的时间,并用前后轴距除以该时间即可求得车速。这种方法适用于交通控制区域埋设检测器的场合。

六、摄影测量法

可借助摄像机或照相机拍摄照片,并从照片上精确的分析时间与距离的关系,从而得到地点车速。摄像测量法根据拍摄方式,大致可分为照相法和航空摄影法。

(1) 照相法

该法是用电影摄影机连续拍摄或用普通照相机按一定的时间间隔对同一地点拍摄照片。查点车辆通过地面已知距离的两点的胶片格数或照片张数,可以得到行驶时间,从而算出车速。

照相法观测简单,可以同时测量一个车队的车速。对于所有交通流的数据,例如交通量、车辆分类,车间距离等等还可通过照片取得永久性的记录,并能消除观测时的误差。但由于摄像机或照相机需要安装在高处有利拍照的位置,因而限制了其应用。同时资料的分析整理费时费工,花钱较多。因此通常只限于科学研究。

(2) 航空摄影法

该法用 1/5000 组有的比例尺,飞行高约 1000m。航空时速 200～300km/h,以便于计算速度的时间间隔(如 5s、6s 或 10s)重复 50% 进行摄影,然后将照片放大到 1/1000 比例尺,按下列方法计算车速、车头间距和车头时距。

七、牌照法

在调查路段的起点、终点各设调查员,记录汽车车牌号码的末三位数、车型以及通过该点的时间,观测完后,将起、终点同一车牌号码对起来,进行统计,算出行驶时间,根据起、终点之间的距离,算出调查路段的车速的一种方法。

对于中途交叉口较多,有较大出入口或中途停车、存车多的区间,应当避免使用这种调查方法。这是因为,牌照法不能记录延误时间,只能测量通过起终点的总时间,在这种情况下,无法分清总时间是行驶时间还是行程时间。牌照法的另一个缺点是数据整理工作量较大。因此它不是很理想的测量方法。

八、流动车法（浮动车法）

流动车法是英国运输与道路研究室的沃尔卓普（Wardrop）和查尔斯沃斯（Charlesworth）在1954年提出来的方法，可用来测定某一路段上的交通量和行驶车速、行车时间等，是一种较好的交通综合调查方法。

流动车法一般需要有一辆测试车，小型面包车或工具车最好，吉普车或小汽车也可以，尽量不要使用警车等有特殊标志的车，以工作方便、不引人注意、座位足够容纳调查人员为宜。

九、跟车法

用图纸量测路段全长各交叉口间及特殊地点（如道路断面宽度变化点）间的长度，并在实地上做好标记。测速时，测试车辆必须跟踪道路上的车队行驶。车上有两名观测员，一人观测沿线交通情况，并用秒表读出经过各标记的时间、沿线停车时间及停车原因，另一人记录。

这种方法的主要优点是能量测各路段间的行程车速、行驶车速、停车延误时间及原因，便于综合分析与车速有关的因素；所需的观测人员少，劳动强度低，适用于交通量大、交叉口多的城市道路上。

缺点是测量次数受行程时间的影响，次数不可能很多，一般只能往返6~8次，有时还要受偶然因素的影响。当交通量大时，测量数据能代表道路上的实际行车速度，但当交通量小时，试验车较难跟踪到有代表性的车辆，所测车速受到试验车性能及驾驶员行车习惯的影响。

十、五轮仪测速法

五轮仪是测量车速的专用仪器，与速度分析仪同时使用。测速时将五轮仪装置于试验车之后，成为试验车以外另加的一个轮子，故名五轮仪当测试车行驶时，五轮仪的轮子亦与地面接触，同样转动。在五轮仪的轮轴上设有光电装置，其作用是将车轮转动速度转换成电信号，输入速度分析仪，此时记录仪能自动记下行驶距离、行驶时间、行程车速。例如测试车在路段起点时，观测员打入信号，当车辆行驶到第一个标记时再打入信号，则速度分析仪就能记下从起点到第一个标记时两点间的距离、行程时间和平均行程车速。

五轮仪还可以与另一种速度分析仪一起使用，这种分析仪的功能是可以得到车辆在全线行驶时的速度分布。测试车在路段行驶时的速度有高有低，通过速度分析仪可以自动将车速按照0~1km/h、10~20km/h、20~30km/h……100~110km/h等等，最后得到各速度挡的行驶里程和所占比例。

五轮仪的优点是自动化程度高，测速精确，能直接将结果打印输出，无须记录。它可以与车辆油耗仪同时使用，测量不同行驶状态、不同车速时的油耗量等。

在使用五轮仪时，对路面的平整度有一定要求，平整度很差的路面，行驶时五轮仪跳动厉害，影响测速精度，并有损仪器，尤其是在车辆倒退或掉头时将五轮仪轮子拉起，防止损坏。五轮仪和速度分析仪属于精密仪器，成本高、易损坏，在使用前或使用后必须经过严格检查，并注意保养。

十一、光感测速仪

光感测速仪也是一种测量车速的专用仪器，这种仪器是由光电探测器和光谱屏幕两个主要部件组成。测速时,将光感测速仪贴在试验车车厢外壳,光电探测器对准地面,随着车辆行驶,在光电屏幕上产生不同频率电信号,频率高低与车速成正比,如果配有计算机,可以直接打印出速度曲线、行驶时间、行驶距离等,其测速范围在 3~200km/h 之间。

光感测速仪的主要优点是测速方便,能方便地安装在各种类型的车辆上,测速精度高,可连续测得各点的瞬时车速和全程平均车速,并直接打印出结果。这种仪器对测速使用和平时保养的要求均比较高。

十二、基于 GPS 的车速调查法

(1) 时间平均车速调查

在某一条待测道路上,将 n 辆试验车装上 GPS,然后令试验车在道路上行驶,计算机终端时刻记录每辆车运行状态,根据记录可以算出每辆车的运行速度,设每辆车的平均速度为 $\overline{v_i}$($i=1, 2, 3, \cdots\cdots, n$)则所有车辆总平均速度为:

$$\overline{v_{i总}} = \frac{\sum_{i=1}^{n} \overline{v_i}}{n} \tag{11-1}$$

对于某一辆试验车的平均速度,为提高计算的准确性,考虑到目前的实际情况,可根据 GPS 读取的多个速度数据,对多个速度数据拟合函数,再对函数积分求解每辆车的平均车速的方法得到 $\overline{v_i}$。将求得的 $\overline{v_i}$ 带入式 (11-1) 中即可得到时间平均车速 $\overline{v_{i总}}$。

(2) 区间平均车速

要求区间平均车速,需要提前知道所测道路的长度、两端路口的经纬度等信息。GIS 就是一种先进的信息处理与管理系统,可方便存储有关的道路信息,而且通过软件,GPS 可以与之相结合。因此,我们可以将道路的经纬度、长度等信息存储在 GIS 中。这样,根据 GPS 显示的经纬度,我们可以知道车辆此时的位置。设所测区间总长度为 s,第 i 辆车的行程时间为 t_i($i=1, 2, 3, \cdots\cdots, n$),车辆经过第一端路口的时刻为 t_1,经过另一端路口的时刻为 t_2,则车辆的区间平均车速为:

$$\overline{v_s} = \frac{ns}{\sum_{i=1}^{n} t_i} \tag{11-2}$$

11.3 地点车速调查

地点车速调查可以采用本章第二节中介绍的调查方法中的前 6 种方法,其中人工测试法是最常用的一种方法。下面介绍人工观测法。

一、人工观测法

1. 调查设备:粉笔几只,秒表 1 块,皮尺 1 个,指挥旗 2 个或有条件时可提供对讲机替代。

2. 调查人员:每组需要 3 名观测员。

3. 调查步骤:

首先,根据调查需要,事先选择拟调查的地点,合理安排好时间,进行合理分组。

其次，将各小组成员带到观测地点，在拟调查的路段上选一个很短的距离，一般为20～25m。路段长度确定之后，在调查地点起止点处用粉笔做上标记。最好能选择对面的电杆或树木为标志作为道路中线的垂线，作为起点。在水泥混凝土路面上，也可以将伸缩缝作为起点线。由起点量测行程长度L，在路面上画线作为终点（如图11-2所示）。布置参考标记时，要求能使观测员清晰地看到。

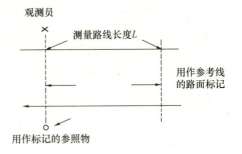

图 11-2　画线调查地点车速平面图

测定的长度确定以后开始准备观测，三个观测员站好位置。其中一人持旗（或对讲机）立于起点，面向标记，当对标记（树或电杆）一被车头越过或前轮刚刚碾过起点线时，立即挥旗（或对讲机联络）。另一人持秒表立于终点，见到第一人手势立即启动秒表，待该车的车头或前轮一通过终点线即停表。第三人在终点处负责记录。可测定每一种车型的车速，达到调查样本后结束调查。

最后，调查结束后，检查一下数据调查表是否已记录完整，没有问题方可撤离调查现场。

4. 注意事项：

（1）为减少观测者与观测设备对行驶车速产生的影响，选择车速调查地点时还应注意设备的隐蔽，尽可能不使行进车辆上的驾驶员察觉，并且要避免群众围观，从而使观测记录能反映真实情况。

（2）人工法的优点是方法简单，不需什么特殊的设备，灵活机动。缺点是由于视差和观测人员的中途更换可能引起较大的误差。因此要求起点和终点的两名观测者要协调一致，起点观测员按车辆的哪一部位通过起点挥旗，终点的观测员就要按车辆的相同部位通过终点才停止秒表。

（3）如果观测员能站在高于路段的某个地方观测，有利于减小观测误差；同时，还可在观测时采用特制的L形视车镜（或反光镜）来消除由视差引起的误差。具体方法是在路线长度的始端或末端设置L形视车镜（或反射镜），其量测路段长度值的选用和地点车速的计算式同线量测法。这种方法的具体布置如图11-3所示。

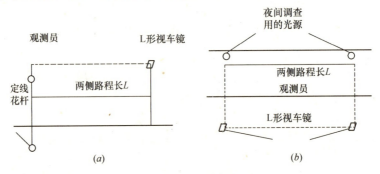

图 11-3　用反光镜调查地点车速布置图

5. 样本容量：

(1) 样本量

为满足统计结果的精确要求，根据样本性质需要的最少样本量按式（11-3）计算：

$$N \geqslant \left(\frac{SK}{E}\right)^2 \tag{11-3}$$

式中　N——最少样本量；
　　　S——计算的样本标准差，km/h；
　　　K——相应于要求置信度的常数；
　　　E——车速计算中的容许误差，km/h。

S 值可以根据以前的调查经验选用，当没有这方面的资料时，可以根据交通区域与道路类型按表 11-1 查用。

确定样本量的地点车速标准差推荐值　　　　表 11-1

交通区域	道路类型	标准差（km/h）
郊区	2 车道	8.5
郊区	4 车道	6.8
过渡地带	2 车道	8.5
过渡地带	4 车道	8.5
城市	2 车道	7.7
城市	4 车道	7.9
整数值	—	8

从表 11-1 中看出，平均标准差分布在 6.8~8.5km/h 范围内。为了简单起见，建议无论何种区域何种道路，一律取 $S=8.0$km/h，以最大限度地保证系统结果精确。

K 值根据要求的置信度来决定。对于正态分布按表 11-2 取用 K 值。

一般置信度下的 K 值　　　　表 11-2

K 值	置信度（%）	K 值	置信度（%）
1.00	68.3	2.00	95.5
1.50	86.6	2.50	98.8
1.64	90.0	2.85	99.0
1.96	95.0	3.00	99.7

车速计算中的容许误差 E，取决于平均车速所要求的精度。其取值范围从 ±1.5km/h 到 ±8.9km/h。一般用 1.5~2km/h，或再小一些。

(2) 样本选择

当交通量较低（每小时少于 200 辆或更少）时，观测员有可能测得其中 90% 或更多车辆的车速。对于交通量较大时，就不可能将每辆车的速度都测量下来，因而需要选择，即进行抽样。为了不致产生偏见，观测人员应从车流中进行随机取样。这时应注意以下几点：

①抽样应该是随机的，要避开特殊情况，如减速、停车、突然加速等等，不要特意抽取高速或者慢速车辆。

②当一个车队驶过时，尽量避免总是选择车队中的第一辆汽车。由于跟随的车辆速度至少同带头的车辆一样，甚至可能快些，但为头车所压，后车只好跟进，总是测头车就会使所得车速偏低，故应选单辆车或车队中不同位置上的车辆。

③当不分车种调查时，样本中各种车辆所占比例应与其在交通流中比例大体一致。

6. 调查数据分析

其长度通常根据交通流的平均车速按表 11-3 选取。由于 $0.2777\text{m/s} \approx 1\text{km/h}$，为了使观测数据便于整理，还可以将行程长度选为 0.2777m 的 n 倍，这样使测量的车辆在通过该测量路段后，测定出其运行的时间 t，则其地点车速可按 n/t 来计算，其单位为 km/h。

调查车速的推荐测量长度 表 11-3

车流平均车速（km/h）	行程长度（m）	车流平均车速（km/h）	行程长度（m）
<40	27.8	>65	83.1
40～65	55.4		

通常要求车辆通过所选择的行程长度的时间最好在 2.0～2.5s 之间。

地点车速调查表 表 11-4

日期_____ 时间_____ 地点_____ 方向_____ 路面_____ 天气_____									
序号	车型	客车		货车			进入时间（min：s）	离开时间（min：s）	通过时间（min：s）	距离（m）	车速（m/s）
		小客车	大客车	小货车	中货车	大货车					
1											
2											
3											

地点车速的观测按观测目的进行汇总，然后把数据整理成图表，并用统计的方法对调查结果做统计计算，以保证取得对交通现状的完整认识。

(1) 数据整理

列出地点车速频率分布表，如表 11-5 所示。

地点车速频率分布 表 11-5

速度分组（1）	组中值（2）	观测频数（3）	累计频数（4）	观测频率（5）	累计频率（6）

第一列为速度分组，由于地点车速样本一般均很多，如将实测数值自大至小排列，必然十分繁琐，因而用分组的方法使之简化。组距的确定，是保证原有样本精度为前提，组

距过大,必然组数少,难于反映样本中车速分布的实际情况;组距过小则带来统计工作量的繁琐,有时在车速样本量有限的情况下,会出现分布不连续情况。为此分组数应根据车速分散程度和样本数量而定,一般分组数宜在 8~20 范围内。分组数确定后,可求得组距。从观测位中取出最大车速和最小车速,二者之差为极差,极差除以分组数减 1 得到组距,然后取整。

第二列为组中值即分组的代表位,就是一个分组的中心数值。

第三列为观测频数。把现场观测值归入所属的组,统计得到各组的车速频数。各分组出现频数所组成的数列,称为频数分布,各组频数之和,必等于现场观测的样本量。

第四列为累计频数。如果数组车速由小到大排列,则累计频数表示等于和小于该数组的频数之和;反之,若数组自大到小排列,则累计频数则为等于和大于该数组的频数和。最后一行的累计频数必等于总样本量。

第五列为观测频率。各组的频数除以样本总量即得各组频率。各组频率之和必等于 1.0。

由频率所组成的分布,消除了对于样本总数的依赖,可用来对比不同样本量时频率分布的结果。

第六列为累计频率。与累计频数相对应,即为累计频数除以样本总量。如果数组车速由小到大排列,则累计频率表示等于和小于该数组的频率之和;反之,若数组自大到小排列,则累计频率则为等于和大于该数组的频率之和。最后一行的累计频率必等于 100%。

(2) 地点车速频率分布直方图

为了更直观地显示出频率分布表所给的规律,通常把它们画成频率分布直方图,横坐标是地点车速的速度分组,纵坐标是相应的频率。如图 11-4 所示。

(3) 累计频率曲线

地点车速的速度分布为横坐标,累计频率为纵坐标,绘制成地点车速的累计频率曲线。如图 11-5 所示,根据分析地点车速的需要,可以从累计曲线中找出累计频率为 15%、50%、85% 所对应的地点车速。

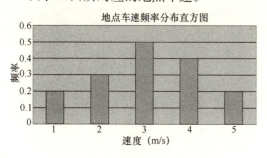

图 11-4 地点车速频率分布直方图

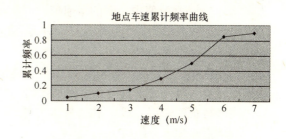

图 11-5 地点车速累计频率曲线

(4) 地点车速的频率分布特征值

借助于车速频率分布图,表明最基本的特征数可以分为两大类,即位置特征数和离散特征数。

位置特征数是表示地点车速分布集中趋势的量度。如地点车速的样本均数、中位车速均数、频率最高时的车速等。

1) 地点车速的平均数。它是车速统计中最常用的特征值和表示车速分布的最有效的统计量，它的计算公式如式（11-4）、式（11-5）所示：

当车速未分组时

$$\bar{v} = \frac{\sum\limits_{i=1}^{n} v_i}{n} \tag{11-4}$$

当车速分组时

$$\bar{v} = \frac{\sum\limits_{i=1}^{n} f_i v_{i中}}{\sum\limits_{i=1}^{n} f_i} \tag{11-5}$$

式中　$\bar{v}$——平均地点车速；

$\sum\limits_{i=1}^{n} v_i$——全部观测车辆车速总和；

n——观测车辆总数；

$v_{i中}$——个车速组的组中值；

f_i——个分组车速的频数。

2) 中位车速是指车速测定值按大小次序排列时中间位置的车速。当观测次数为奇数时，中位数是所排数列中的中间车速，而观测数是偶数时，中位数规定为两中间数的算术平均数。中位数受两端车速的影响较平均车速小，故在分析中是一个十分有用的特征值。

3) 众数。出现频率最多的那个地点车速或组中值，称为样本的车速众数。

样本的离散特征数是表示样本中数字分散程度的一种数据，其中最常用的是极差、标准离散差和车速分布中有代表性的几个速度值。

①极差，即观测值中最大车速与最小车速之差，可用式（11-6）表示：

$$R = v_{max} - v_{min} \tag{11-6}$$

式中　R——极差；

v_{max}——观测值中最高的车速值；

v_{min}——观测值中最低的车速值。

极差值极易取得，但它取决于样本量的大小，且受反常观测者的影响较大。

②样本标准离差

用地点车速样本中的每一个数据与车速平均值 $\bar{v}$ 的偏差来描述样本的离散性。由于这些偏差有正有负，为了避免正负相加抵消的情况，可以把各个偏差平方之后再求平均数，作为离散特征数，记为 S^2，称为样本方差。

当地点车速未分组时：

$$S^2 = \frac{\sum\limits_{i=1}^{n}(v_i - \bar{v})^2}{n} \tag{11-7}$$

当地点车速分组时：

$$S^2 = \frac{\sum\limits_{i=1}^{n}(v_{i中} - \bar{v})^2 \cdot f_i}{\sum f_i} \tag{11-8}$$

式(11-7)和式(11-8)中的符号意义同前。

样本的标准差：

当地点车速未分组时：

$$S = \sqrt{\frac{\sum_{i=1}^{n}(v_i - \overline{v})^2}{n}} = \sqrt{\frac{\sum_{i=1}^{n}(v_i - \overline{v})^2}{n} - \overline{v}^2} \tag{11-9}$$

当地点车速分组时：

$$S = \sqrt{\frac{\sum_{i=1}^{n}(v_{i中} - \overline{v})^2 \cdot f_i}{\sum f_i}} = \sqrt{\frac{\sum_{i=1}^{n} v_{i中} \cdot f_i}{n} - \overline{v}^2} \tag{11-10}$$

③车速分布中有代表性的几个速度值

累计频率分布曲线表明了每组地点车速与累计频率之间的关系，当地点车速为正态分布时，累计频率曲线上有2处突变点，这些点的相应车速常以百分位车速来表示。

第85%位车速：在样本中有85%的车辆未达到的车速，即在累计车速分布曲线中，累计频率为85%时的相应车速。此值正是曲线的转折点，转折点以上曲线坡度甚缓，说明样本中高速车辆的频率很少，因此交通管理中常以此车速作为观测路段的最大限制车速。

第15%位车速：在样本中有15%的车辆未达到的车速，即在累计车速分布曲线中，累计频率为15%时的相应车速。此值正是曲线的转折点，转折点以下曲线坡度甚缓，说明样本中低于该车速的频率很少，因此交通管理中对某些需要限制最低车速的道路，如高速公路及快速路，常以此值作为最低限制车速。

第50%位车速：即中位车速，当车速的分布属于正态分布时，该车速即是平均车速。

(5) 地点车速正态分布拟合优度检验

自由行驶状态的车速具有随机性，通常假设它的统计规律为正态分布，简记为 $N(\mu, \sigma^2)$，其概率密度函数为：

$$\varphi(x) = \frac{1}{\sqrt{2\pi}\sigma} \cdot e^{-\frac{(x-\mu)^2}{2\sigma^2}} \quad (-\infty < x < \infty, \sigma > 0) \tag{11-11}$$

$\varphi(x)$单峰、对称于$x = \mu$的钟形曲线，以x轴作为渐进线，$x = \mu \pm \sigma$处有拐点。$\varphi(x)$曲线与x轴之间的总面积为1。

在日常的理论分析中，均采用标准化形式，即$\mu = 0, \sigma = 1$简记为$N(0, 1)$，其概率密度函数式如式(11-12)所示：

$$\varphi(x) = \frac{1}{\sqrt{2\pi}\sigma} \cdot e^{-\frac{x^2}{2\sigma^2}} \tag{11-12}$$

检验地点车速是否服从正态分布的拟合优度检验，最常用的是χ^2检验，其步骤如下：

(1) 建立原假设H_0

H_0：地点车速v服从正态概率分布，那么地点车速的频率分布与概率分布应该相差不远，在地点车速的分布直方图中可以初步判断是否服从正态分布。

(2) 选择统计量

如果地点车速分布的原假设H_0成立，则地点车速每一分组的实测频数f_i与正态分

布的理论频数 F_i 相差不大。若正态分布在 i 区间的概率为 P_i，则理论频数 $F_i=P_i \cdot n$，n 为样本数，K 为样本分组数，由此建立的统计量 χ^2 为：

$$\chi^2 = \sum_{i=1}^{k} \frac{(f_i - F_i)}{F_i} \qquad (11\text{-}13)$$

(3) 确定统计量的临界值 χ_a^2

概率论中已经证明在 $n \to \infty, k \to \infty$ 时，统计量趋向于自由度 $k\text{-}1$ 的分布。

由 χ^2 分布表，根据自由度 γ 和置信水平 α，可查得统计量的临界值 χ_a^2。

确定地点车速样本的自由度：由于拟合正态分布，当正态分布中有两个参数 μ 和 α 需要估计时，则约束数 $a=2$，自由度 $\gamma=k-a-1=k-3$。若 μ 和 α 完全给定时，则 $a=0$，$\gamma=k-1$。

置信水平 α 的选择：在交通工程中 α 常取 0.10，0.05 或 0.01。

为了便于应用，将 χ^2 分布的上侧分位数表作为部分摘录，见表 11-6。

χ^2 分布的上侧分位数 χ_a^2 表　　　　　表 11-6

γ \ α	0.01	0.05	0.10	γ \ α	0.01	0.05	0.10
1	2.706	3.481	6.635	10	15.987	18.307	23.209
2	4.605	5.991	6.210	11	17.275	19.675	24.725
3	6.251	7.815	11.325	12	18.549	20.026	26.217
4	7.779	9.448	12.277	13	19.812	22.362	27.688
5	9.236	11.070	15.068	14	21.064	23.685	29.141
6	10.645	12.592	16.812	15	22.307	24.996	30.578
7	12.017	14.607	18.475	16	23.542	26.296	32.000
8	13.362	15.507	20.090	17	24.969	27.587	33.409
9	14.684	16.919	21.666	18	25.989	28.869	34.805

(4) 统计检验结果

比较 χ^2 的计算值和临界值 χ_a，若 $\chi^2 \leqslant \chi_a^2$，则车速 v 服从假设的正态分布，否则不接受假设，至此检验结束。

(5) 使用 χ^2 统计量时应注意的事项

①各组的理论频数不得少于 5，如果数组理论频数小于 5，可将相邻若干组合并，直至合并后的理论频数大于 5 为止，并将合并后的组数作为计算自由度的依据。

②各组的概率 P_i 值应较小，这意味着分组数 k 应较大，以保持速度分布的基本形式和分布的连续性。

③样本量应较大，分组数宜在 8～20 之间，最小不得少于 5 组。

11.4 区间车速调查

测量行驶时间和行程时间的方法很多，本章第二节的调查方法的后 6 种均为调查行驶和行程车速的方法。关于区间车速的人工测试方法，一般采用以下三种方法。

一、跟车法

1. 调查设备：测试车 1 辆、秒表 1 块、笔、记录垫板

2. 调查人员：每组需要 2~3 名观测员，其中 1 人司机。

3. 调查步骤：

首先，事先了解拟调查的路段，合理安排好时间，进行合理分组。

其次，将各小组成员带到观测地点，用图纸量测路段全长各交叉口间及特殊地点（如道路断面宽度变化点）间的长度，并在实地上做好标记。准备开始观测，测试车辆必须跟踪道路上的车队行驶，车上两名观测员，一人观测沿线交通情况，并用秒表读出经过各标记的时间、沿线停车时间及停车原因，另一人记录。当收集的数据达到样本容量要求时，可停止调查。

最后，调查结束，检查所要收集的数据是否已全部完整填写到记录表中，准备撤离观测现场。

4. 注意事项：

（1）该方法能量测各路段间的行程车速、行驶车速、停车延误时间及原因，便于综合分析与车速有关的因素；所需的观测人员少，劳动强度低，适用于交通量大、交叉口多的城市道路上。

（2）测量次数受行程时间的影响，次数不可能很多，一般只能往返 6~8 次，每次往返时间要尽量小于 40min。

（3）当交通量大时，测量数据能代表道路上的实际行车速度，但当交通量小时，试验车较难跟踪到有代表性的车辆，所测车速受到试验车性能及驾驶员行车习惯的影响。

（4）该方法测定与距离以及交通的繁忙程度有很大关系，因此，在交通顺畅的市郊道路，路线不超过 15km 为宜，市区边缘道路，路线长度以小于 10km 为宜，市中心区道路，一般交通繁忙，车速低，并受到交通信号灯的管制路线应小于 5km。

5. 样本容量：

用跟车法通过测定行驶时间调查行驶车速，所需要的最少运行次数通常根据规定的容许误差和行驶车速的平均级差按表 11-7 选用。

最小样本量（置信度 95%）　　　　　　　　　　　表 11-7

行驶车速的平均级差	与下列容许误差相应的最少运行次数				
	±2km/h	±3.5km/h	±5km/h	±6.5km/h	±8km/h
≤5.0	4	3	2	2	2
≤10.0	8	4	3	3	2
≤15.0	14	7	5	3	3
≤20.0	21	9	6	5	4
≤25.0	28	13	8	6	5
≤30.0	38	16	10	7	6

容许误差的选择与观测目的有关。对于运输规划调查，在估计平均行驶车速时的容许误差，建议取 ±5.0~±8.0km/h；交通运行趋势分析与经济评价，建议取 ±3.5~±6.5km/h；前后对比调查或运输线路运行，建议取 ±2.0~±5.0km/h，其他调查目的，可比照上述建议之确定。

表 11-6 中行驶车速的平均级差可按式 (11-14) 求出：

$$R = \frac{\sum_{i=1}^{N-1} S_i}{N-1} \tag{11-14}$$

式中 R——行驶车速的平均级差，km/h；

S_i——第 i 次运行与第 $i+1$ 次运行行驶车速之差的绝对值，km/h；

N——跟车运行次数。

一般来说，测定行驶车速用跟车法较流动车法要好。因为在连续的试验运行期间，即使在交通条件比较相似的条件下，也会遇到不同的延误，跟车法可以排除这种影响，而流动车法则不能。另一方面，跟车法还可以同时取得区间车速等资料，对于研究和评价公共交通的运行情况以及确定行车时刻表尤为适用。

6. 调查数据分析：

（1）调查记录表（表 11-8）

跟车法调查记录表 表 11-8

道路名称：_____ 起始时间：_____ 日　期：_____
起 终 点：_____ 观测员：_____ 天　气：_____

路段编号	观测时间			减速次数及原因					
	中途停车			最终断面时间	行人	自行车	会车	转向车	公交停靠	其他
	原因	停止时间	启动时间							

（2）数据汇总表（表 11-9）

可以整理出路段长度、行程时间、停车延误、行驶时间、行程车速、行驶车速的数据汇总表。

跟车法数据汇总表 表 11-9

道路名称：_____ 起始时间：_____ 日　期：_____
起 终 点：_____ 观测员：_____

路段编号	路段长度 (m)	行程时间 (s)	停车延误 (s)	行驶时间 (s)	行程车速 (km/h)	行驶车速 (km/h)
1～2						
2～3						
3～4						
4～5						
5～6						
6～7						
7～8						
8～9						
汇总						

$$全程平均行程车速(km/h) = \frac{路段总长度(m)}{行程时间(s)} \times 3.6 \quad (11\text{-}15)$$

$$全程平均行驶车速(km/h) = \frac{路段总长度(m)}{行驶时间(s)} \times 3.6 \quad (11\text{-}16)$$

$$行驶时间(s) = 行程时间(s) - 停车延误(s) \quad (11\text{-}17)$$

二、牌照法

1. 调查设备：秒表、笔、记录垫板
2. 调查人员：每组需要2～3名观测员，每组只测一个方向，双方向需要两组4～6人。
3. 调查步骤：

首先，了解拟调查的路段情况，量测好路段的距离，选择好观测地点，合理安排好时间，进行合理分组。

其次，将各组成员带到观测地点，准备开始观测。每个观测组中，一人读取通过该点的车辆车牌号码的后三位数及车型颜色，一人读取车辆通过该点的时间，一人记录。观测完后，将起、终点同一车牌号码对起来，算出行驶时间，根据起、终点之间的距离，算出车速。当达到观测的样本数时，可以停止调查。

最后，检查所要收集的数据是否已全部完整填写到记录表中，见表11-10，确认没有问题后，方可撤离观测现场。

牌照法车速调查表 表11-10

道路名称：_____ 起始时间：_____ 日　期：_____
起 终 点：_____ 观测员：_____ 天　气：_____

车辆类型	牌照号码	起点时间 t_1	终点时间 t_2	行程时间 t_2-t_1	区间车速

4. 注意事项：

(1) 适用于：路段上无主要交叉口，单一车道或流量不大的单向双车道公路，路段不宜超过500m，路段上的交通情况不太复杂，可与其他调查同时进行。

(2) 当交通量很小时，记录者可同时看表。如果交通量很大，则可以只读车牌号码的最后一位数字，例如0或5（抽查20%），或只读0（抽查10%）。

(3) 对于中途交叉口较多，有较大出入口或中途停车、存车多的区间，应当避免使用这种调查方法。这是因为牌照法不能记录延误时间，只能测量通过起终点的总时间，在这种情况下，无法分清总时间是行驶时间还是行程时间。

(4) 观测时要求起终点秒表必须同步，并且观测期间不得停表。若希望获得50组数据，则观测的车辆数必须大于50，据经验，回收率能保证80%就很不容易了。牌照法的另一个缺点是数据整理工作量较大。因此它不是很理想的测量方法。

(5) 当路段中有交叉口时，由于车辆在路段中转向，使得起终点的牌照号码不一致，增加了内业工作量，由于外侧车道上车辆的阻挡，无法看清中间车道上车辆的牌照号码，容易漏记车号。因此，此方法的劳动强度较大，通常只能连续观测2h左右。

5. 样本容量：

样本容量的确定与跟车法一致，先测定平均行程车速，然后计算第一辆和第二辆的速度差，第二辆和第三辆的速度差直至算出最后一辆，将各速度差的绝对值累加，除以这个差值的个数，就得到行程车速的平均变动范围。

根据要求，计算的样本标准差和相应于要求置信度的常数查表 11-1、表 11-2，根据式（11-3），计算近似的最小样本值。

6. 调查数据分析：

调查结束后，把起终点的车牌照对应起来，计算行程时间、区间车速。

牌照法车速调查汇总表　　　　　　　　　　表 11-11

道路名称：＿＿＿＿＿＿　起始时间：＿＿＿＿＿＿　日　期：＿＿＿＿＿＿
起终点：＿＿＿＿＿＿　观测员：＿＿＿＿＿＿　天　气：＿＿＿＿＿＿

车辆类型	牌照号码	起点时间 t_1	终点时间 t_2	行程时间 t_2-t_1	区间车速

$$区间车速(行程车速)(km/h) = \frac{路段总长度(m)}{行程时间(s)} \times 3.6 \qquad (11\text{-}18)$$

由式（11-18）即可得出该车的区间车速。

三、流动车法

1. 调查设备：测试车 1 辆、秒表 1 块、笔 3 支、记录垫板 3 块
2. 调查人员：每组需要 3～4 名观测员，其中驾驶员 1 名。
3. 调查步骤：

首先，查看一下要调查的地点，合理安排好时间，进行合理分组。

其次，将各小组成员带到观测地点，准备开始观测。其中 1 人记录与观测车反向行驶的会车数，1 人记录与观测车同向行驶的超车数和被超车数，另 1 人记录观测车、往返行驶时间。调查过程中，测试车一般需沿调查路线往返行驶 12～16 次（即 6～8 个来回）。

最后，检查所要收集的数据是否已全部完整填写到记录表中，确定没有问题，准备撤离观测现场。

流动车测速调查表　　　　　　　　　　表 11-12

道路名称：＿＿＿＿＿＿　起终点：＿＿＿＿＿＿　天气：＿＿＿＿＿＿
路段长度：＿＿＿＿＿＿　观测者：＿＿＿＿＿＿　日　期：＿＿＿＿＿＿

行驶方向	出发及到达时间			对向来车数			超越试验车车数			被试验车超越数			行驶状况描述
	时	分	秒	大	中	小	大	中	小	大	中	小	
→													

4. 注意事项：

（1）当交通量较小时，可以减少观测记录人员。行程距离应已知或由里程碑、地图读取，或从有关单位获取，如不得已则应亲自实地丈量。总的行驶时间，根据美国国家城市交通委员会的规定，主要道路为每英里（合 1.6km）30min，次要道路为每英里（合 1.6km）20min。

(2) 用流动车法调查交通量要使观测车的车速尽可能接近车流的平均速度,当交通量很小时,则应接近调查路段的限制车速。对于多车道的情况,最好变换车道行驶。另外,要尽可能使超车数与被超车数接近平衡,特别当交通量不高时更应如此。

(3) 流动车法调查延续的时间较长,为了真实反映交通情况,应注意路段和行程时间不要太长,尽可能分段以较短时间完成调查。流动车法观测到(经过计算获得)的交通量是一个平均值,是在整个观测时段内的平均值,而由每一次观测所得数据计算的交通量才是该时段的交通量。

(4) 工作量小,适用于路线上无交叉口、道路两侧很少有车辆插入、车流均匀稳定的情况。

(5) 测量精度较低,不宜用于城市道路中交叉口间距较小或全线道路交通条件不一致的情况。

5. 调查数据分析:

平均行程时间用式(11-19)计算,平均行程车速用式(11-20)计算。

$$\bar{t}_c = t_c - \frac{Y_c}{q_c} \tag{11-19}$$

式中　$\bar{t}_c$ ——测定路段的平均行程时间,min;

t_c ——测试车在待测定车流方向行驶时的行驶时间,min;

Y_c ——测试车在待测定方向上行驶时,超越测试车的车辆数减去被测试车超越的车辆数(即相对测试车顺测定方向上的交通量),辆;

q_c ——路段待测定方向上的交通量(单向),辆/min。

$$\bar{v}_c = \frac{L}{\bar{t}_c} \times 60 \tag{11-20}$$

式中　$\bar{v}_c$ ——测定路段的平均行程车速(单向),km/h;

L ——观测路段长度,km。

四、区间车速数据分析

1. "前后"对比分析

对于两次观测的对比分析,在不同条件下取得两个样本,两个样本总体有不同的均值,加上各自在观测时的偶然误差,行程两次观测的总差别。如果两次观测的平均值的总差别大于检验统计临界值,则差别显著,否则不显著。

(1) t 检验:

设两个正态分布总体,它们的方差未知,$\sigma_1 = \sigma_2$,检验两样本的平均值是否有显著差别。检验统计量如式(11-21)所示:

$$|t| = \frac{\bar{X}_1 - \bar{X}_2}{\sqrt{\frac{n_1 S_1^2 + n_2 S_2^2}{n_1 + n_2 - 2}\left(\frac{1}{n_1} + \frac{1}{n_2}\right)}} \tag{11-21}$$

式中　t ——分布统计量;

$\bar{X}_1$ ——第一个样本的均值;

$\bar{X}_2$ ——第二个样本的均值;

S_1 ——第一个样本的标准离差;

S_2——第二个样本的标准离差;
n_1——第一个样本的观测数;
n_2——第二个样本的观测数。

把计算的 t 值同由表 11-13 查得的 t_α 作比较,以确定两样本均值差别的显著性。根据规定的显著性水平 α 及自由度的选取。对于大多数交通数据的分析,显著水平 α 的正常范围在 0.01~0.1 之间,但常选用的是 0.05;自由度 $\gamma = n_1 + n_2 - 2$。

t 检验临界值表　　　　　　表 11-13

自由度 \ α	0.01	0.05	0.1
1	6.31	12.71	63.66
2	2.92	4.30	9.92
3	2.35	3.18	5.84
4	2.13	2.78	4.60
5	2.02	2.57	4.03
6	1.94	2.45	3.71
7	1.89	2.37	3.50
8	1.86	2.31	3.36
9	1.83	2.26	3.25
10	1.81	2.23	3.17
11	1.80	2.20	3.11
12	1.78	2.18	3.05
13	1.77	2.16	3.01
14	1.76	2.14	2.98
15	1.75	2.13	2.95
16	1.75	2.12	2.92
17	1.74	2.11	2.90
18	1.73	2.10	2.88
19	1.73	2.09	2.86
20	1.72	2.09	2.85

(2) 采用 u 检验:

$$|u| = \frac{\overline{X}_1 - \overline{X}_2}{\sqrt{\dfrac{S_1^2}{n_1} + \dfrac{S_2^2}{n_2}}} \tag{11-22}$$

式中　u——大样本量时正态分布统计量;
$\overline{X}_1$——第一个样本的均值;
$\overline{X}_2$——第二个样本的均值;
S_1——第一个样本的标准离差;
S_2——第二个样本的标准离差;
n_1——第一个样本的观测数;
n_2——第二个样本的观测数。

第 11 章 车速调查

把算得的 $|u|$ 值与由表 11-14 查得的临界值 u_a 作比较，如果算得的 $|u|$ 值大于 u_a，应认为两均值间的差别是显著的，不是仅由偶然误差造成的；如果算得的 $|u|$ 值小于 u_a，则断定两均值间的差别是不显著的，这种差别有偶然误差形成。

统计量临界值 u_a 表 11-14

显著水平	u_a
0.01	2.58
0.05	1.96
0.10	1.64

2. 道路及路网的车速特征分析

（1）整理出路线行程车速、行驶车速。

（2）道路行程车速的时间分布特性。

随着道路上全天交通量的变化，车速也随之变化，一般最重要的是 3 个时段的行程车速：

① 非机动车高峰小时车辆的行程车速，这对自行车多的城市尤其重要；
② 机动车早高峰小时车辆的行程车速；
③ 机动车晚高峰小时车辆的行程车速。

第一个高峰时段由于机动车流量低，车速降低不显著，后两个时段的行程车速一般较全天平均行程车速低，可以用速差比（式 11-23）来表示：

$$\gamma = \frac{\bar{v} - \bar{v}_t}{\bar{v}} \tag{11-23}$$

式中 γ——速差比；
  $\bar{v}$——全天平均行程车速；
  $\bar{v}_t$——t 时段平均行程车速。

γ 值为正时，全天平均行程车速较 t 时段的平均行程车速高；γ 值为负时，全天平均行程车速较 t 时段的平均行程车速低。

道路上不同时间的速差比可绘制成曲线，表示全天行程车速的分布情况。

除速差比外，还可以用行程车速的标准离差表示全天车速变动的波动程度，计算公式如式（11-24）所示：

$$S = \sqrt{\frac{1}{n-1}\left[\sum \bar{v}_t^2 - \frac{1}{n}\left(\sum \bar{v}_t\right)^2\right]} \tag{11-24}$$

式中 S——行程车速的标准离差；
  n——观测次数；
  $\bar{v}_t$——t 时段平均行程车速。

（3）道路网上行程车速分布

指在某一时段道路网上各路段的车速分布，将各路线的行程车速汇总于路网图，可以得到路网的行程车速分布图，显示道路的畅通情况，可通过电子显示屏发布信息供司机选择行驶路线参考使用。

（4）道路网上车速综合分析

全面评价路网上各道路的交通通畅情况，需要从路线和交叉口两个方面来考察。

路线情况：全天平均行程车速、全天平均行驶车速、高峰小时行程车速、全线各路段平均车速。

交叉口情况：交叉口平均车速、交叉口平均受阻时间、交叉口分级车速所占比例。

（5）车辆行驶等时线

在测量路网上各路段行程时间的基础上，绘制成等时线图。以某交通枢纽点为中心，沿各干线向外放射，计算出相同时间间隔在各干道上行驶的距离，按此距离点于地形图上，将这些点相连，即为等时线。等时线越密，车速越低，从而了解到交通拥挤的具体路线。

第12章 密度调查

12.1 概 述

一、密度调查的定义

交通密度：是指在单位长度车道上，某一瞬间时所存在的车辆数，一般用辆/(km·车道)表示。

空间占有率：是指在单位长度车道上，汽车投影面积总和占车道面积的百分率。在实际测定中一般用汽车所占的总长度与车道长度的百分比表示。

$$R_s = \frac{1}{L} \sum_{i=1}^{n} l_i (\%) \tag{12-1}$$

式中 R_s——空间占有率，%；
L——观测路段总长度，m；
l_i——第 i 辆车的长度，m；
n——观测路段内的车辆数。

时间占有率：是指在单位测定时间内，车辆通过某一断面的累计时间占测定时间的百分率。

$$R_t = \frac{1}{t} \sum_{i=1}^{n} t_i (\%) \tag{12-2}$$

式中 R_t——时间占有率，%；
t——单位测定时间，s；
t_i——第 i 辆车的长度，m；
n——测定时间内通过观测断面的车辆数。

二、密度调查的目的意义

密度调查可以结合交通量等参数更全面的描述交通流的实际状态，根据密度的大小来判定拥挤程度，从而决定采取交通管理和控制措施，可以用来研究交通流理论的重要基础数据，可以作为划分服务水平的依据，可以用来分析瓶颈交通，分析道路的通行能力为高速公路的管制提供依据。

三、调查的时间和区间长度

正是由于经常使用某一时段内的平均密度值来描述交通密度，因此往往需要在某一时段内连续调查瞬时密度，然后求算平均值。测定密度的首要问题是确定测定的总时间及测定的区间长度。

根据实测经验得知，调查时段越长密度变化越平缓；此外，在正常的交通量条件下，车辆在道路上分布也不均匀，即路段不同，其交通密度一般也不相同，只有实测路段达到一定长度后，交通密度的变化才能够趋于平稳。

根据有关的实测资料分析可知：①实测密度均方差为实测时段和区间长度的减函数；②实测时段达 3~5min 以上，均方差受测定路段长度的影响较弱；③实测区段长度大于 800m 时，均方差受测定时段长度的影响较弱。

因此，为了保证测定结论具有足够的精度，建议在进行交通密度调查时选用路段长度尽量大于 800m，时段延续 5min 以上。

12.2 密度调查方法

交通密度调查的方法主要有出入量观测法和摄影观测法两种。

一、出入量观测法

所谓出入量法，是一种测定无出入匝道路段上两断面之间现有车辆数，计算该路段交通密度的方法。其中求两断面间的初始车辆数的方法包括试验车法、车牌号法等。

二、摄影观测法

摄影观测法是对观测路段连续照相，然后在所拍摄到的照片上直接点数车辆数，因此这种方法是密度调查最准确的途径，但是由于拍摄胶片的清晰度受气候情况影响较大，调查时应注意选择晴朗的天气。

摄影观测法又可分为地面上（高处）摄影法和航空摄影法。

三、道路占有率调查法

在道路上设置车辆检测器，其中大多采用环形线圈，即在一个车道设置 1 个或一个车道设置 2 个。当车辆在检测器的有效范围内时，监测器就能保持接通状态，通过计时装置就可测量计算出车辆通过检测器的延续时间，然后计算时间占有率，并据此计算密度。

如果在测定车辆占用时间的同时，测定车辆的地点车速，计算地点车速的平均值即时间平均车速，则车辆的占用时间与该辆车的地点车速之乘积，为该辆车的占用长度，总观测时间与总观测时间内所有车辆地点车速的平均值即时间平均车速之乘积，为总观测时间相应的路段长度 L，也可求得车辆的空间占有率。

若事先已获得各车型的车长资料时，根据密度调查现场统计得分车型交通量资料，就可计算空间占有率。如果事先没有各车型的车长资料，要在现场直接测车长是很困难的，一般事先测定车辆的占用时间。

12.3 出入量观测法调查

一、出入量法的基本原理

在某道路上选择 A、B 两点间的路段为观测路段，车流从 A 驶向 B（如图 12-1 所示）。观测开始时 ($t=t_0$)，AB 路段内存在的初始车辆数为 $E(t_0)$，从 t_0 到 t 这一时段内从 A 处驶入的车辆数为 $Q_A(t)$，从 B 处驶出的车辆数为 $Q_B(t)$，则 t 时刻路段内存在的现有车辆数 $E(t)$ 应为初始车辆数 $E(t_0)$ 与 t_0 到 t 这一时段内路段的车辆数改变量 $[Q_A(t)-Q_B(t)]$ 之和。即：

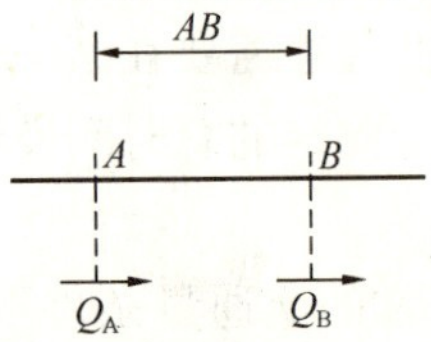

图 12-1 AB 区间示意图

$$E(t) = E(t_0) + [Q_A(t) - Q_B(t)] \tag{12-3}$$

第12章 密度调查

则 t 时刻 AB 路段内的交通密度为：

$$K_t = \frac{E(t)}{L_{AB}} \tag{12-4}$$

式中　K_t——t 时刻 AB 路段上的交通密度，辆/(km·车道)；
　　　$E(t)$——t 时刻 AB 路段上存在的车辆数，辆；
　　　L_{AB}——AB 路段的长度，km；
　　　$E(t_0)$——t_0 时刻 AB 路段上存在的初始车辆数，辆；
　　　$Q_A(t)$——从 t_0 到 t 这一时段内从 A 处驶入的车辆数，辆；
　　　$Q_B(t)$——从 t_0 到 t 这一时段内从 B 处驶入的车辆数，辆。

从式（12-3）和式（12-4）可知，只要知道路段内的初始车辆数和从 t_0 到 t 时段内路段车辆数的改变量，就可计算得到 t 时刻路段的现有车辆数。从而可计算得到 t 时刻该路段的交通密度。

二、初始车辆数的求法

求初始车辆数的方法有试验车法、车牌号法等多种方法。

1. 试验车法

（1）调查设备：流量观测仪或动态录像机 2 台，试验车 1 辆，笔、记录垫板。

（2）调查人员：共需要 4~6 名观察员，每端需要 1~2 名观测员，负责看管仪器，试验车到达时操作仪器；试验车中需要观测员 2 名，负责记录超车和被超车数。

（3）调查步骤：

首先，查看拟调查的路段，确定好测定路段的起点和终点，合理安排好时间。

其次，将观测组成员以及要使用的仪器带到观测地点，在测定路段的两端装好流量观测仪或动态录像机，准备开始观测。从开始时刻起，测定通过这两段的车辆数，同时试验车在测定路段内行驶，车中的观测员一人记录超车数，一人记录被超车的车辆数。当要收集的数据达到样本要求时，即可以停止调查。

最后，检查所要收集的数据是否保存，确认没有问题后，拆卸好仪器，方可撤离观测现场。

（4）注意事项：

1）为了记取试验车通过路段两端的时刻，必须在试验车上标以特殊的记号。此时，若是流量观测仪进行测定，当试验车通过两端时，要按动观测仪把具有特殊记号的试验车记录在记录纸上；若是用动态录像机，也要对准试验车的记号摄影，以便整理资料时记取那个时刻。

2）由于需要有试验车抵达路段两端点时所对应的两端点处的交通量，而试验车抵达时间又不总是在测定交通量的单位时间的起点或终点，因此，在路段的两端处，应于流量的单位观测时间内，分别记录流量观测单位时间的起点至试验车到达时的交通量，以及试验车到达时刻至观测单位时间的终了时刻的交通量。

（5）调查数据分析：

试验车在 A 端处的时刻为 t_0，到达 B 端处的时刻为 t_1，则自 t_0 到 t_1 的时段通过 B 端的车辆数 q，即为 t_0 时刻 AB 路段的初始车辆数。试验车的行驶速度应尽量与同时行驶的车流速度保持一致，即不被超车也不超越其他车辆，测试结果才较为准确。若出现超车现象，则应按式（12-5）计算初始车辆数：

$$E(t_0) = q + a - b \tag{12-5}$$

式中　$E(t_0)$——在 t_0 时刻，AB 路段内的初始车辆数，辆；
　　　q——从 t_0 到 t_1 时段内通过 B 端处的车辆数，辆；
　　　a——试验车超越其他车的辆数，辆；
　　　b——其他车超越试验车的辆数，辆。

试验车法测定交通密度汇总整理表　　　　表 12-1

时　间	A端交通量 ①	B端交通量 ②	变化量 ③	时刻 ④	初始车辆数 ⑤	现有车辆数 ⑥	调整值 ⑦	修正值 ⑧	瞬间密度 ⑨	平均密度	试验车情况
14：00：00～14：01：00	40	54	−14	14：01：00							
14：01：00～14：02：00	74	60	14	14：02：00							
14：02：00～14：03：00	39	40	−1	14：03：00							
14：03：00～14：04：00	61	68	−7	14：04：00							
14：04：00～14：05：00	37	60	−23	14：05：00							
14：05：00～14：06：00	72	59	13	14：06：00							
14：06：00～14：07：00	52/9	48/7	4/2	14：07：00	94/0	0/96	0	96	119		14：06：50 出
14：07：00～14：08：00	67	58	9	14：08：00		105	0	105	130		$a=10$　$b=2$
14：08：00～14：09：00	19/24	21/26	−2/−2	14：09：00	103/0	103/101	0	101	125		14：08：20 进
14：09：00～14：10：00	69	65	4	14：10：00		105	0	105	130		
小计	563	566	−3								
14：10：00～14：11：00	46	66	−20	14：11：00		85	0	85	105	115	
14：11：00～14：12：00	69	56	13	14：12：00		98	0	98	121		
14：12：00～14：13：00	57	65	−8	14：13：00		90	1	91	112		
14：13：00～14：14：00	57	59	−2	14：14：00		88	1	89	110		
14：14：00～14：15：00	58	46	12	14：15：00		100	1	101	125		

续表

时 间	A端交通量 ①	B端交通量 ②	变化量 ③	时刻 ④	初始车辆数 ⑤	现有车辆数 ⑥	调整值 ⑦	修正值 ⑧	瞬间密度 ⑨	平均密度	试验车情况
14:15:00~14:16:00	52	48	4	14:16:00		104	1	105	130		
14:16:00~14:17:00	40	58	−18	14:17:00		86	1	87	107		
14:17:00~14:18:00	59	59	0	14:18:00		86	1	87	107	128	
14:18:00~14:19:00	47/20	29/15	18/5	14:19:00	105/0	104/110	0	110	136		14:18:43 出
14:19:00~14:20:00	49	31	18	14:20:00		128	0	122	158		$a=14$ $b=3$
小计	554	532	22								
14:20:00~14:21:00	37	48	−11	14:21:00	117	117	0	117	144		14:21:00 出
14:21:00~14:22:00	39	40	−1	14:22:00		116	0	116	143		
14:22:00~14:23:00	48	59	−11	14:23:00		105	0	105	130	125	
14:23:00~14:24:00	41	65	−24	14:24:00		81	−1	80	99		
14:24:00~14:25:00	72	65	7	14:25:00		88	−1	87	107		
14:25:00~14:26:00	65	76	−11	14:26:00		77	−1	76	94		
14:26:00~14:27:00	53	63	−10	14:27:00		67	−2	65	80		
14:27:00~14:28:00	56	63	−17	14:28:00		60	−2	58	72	75	
14:28:00~14:29:00	46	50	−4	14:29:00		56	−2	54	67		
14:29:00~14:30:00	42	43	−1	14:30:00		55	−3	52	64		
小计	499	572	−73								

表 12-1 中数据即为某一观测的实测数据记录，表中①、②栏中斜线上方数据为流量观测单位时间的起点至试验车到达时的交通量，斜线下方为试验车到达时刻至观测单位时

间的终了时刻交通量。

表中①、②两栏为端点交通量；③栏为 A、B 两处交通量之差，即③＝①－②，表示 AB 区间内现有车辆数的变化；试验车情况栏为试验车行驶过程中超越其他车辆数 b，最后计算出 $(a-b)$ 的数值；第④栏为计算得初始车辆数 $E(t_0)$，即按式（12-1）计算的结果；第⑤栏为每一观测单位的现有车辆数，即初始车辆数 $E(t_0)$ 与经过单位观测时间后的车辆变化量（即第③栏）之和；第⑥栏位误差调整值，即经试验车测试计算所得的 $E(t_0)$ 与根据前次试验推算而得的数值不相等，但数值一般相差很小，对精度影响不大，为了保持数据的一致性，则以试验车观测记录及计算的结果为准，把此项误差分配于前后两次试验车的测试时间范围内的第⑥栏内，作为调整值；第⑦栏位修正后的实有车辆数，即⑦＝⑤＋⑥；第⑧栏位瞬间车流密度，使用式（12-2）计算；第⑨栏为第⑧栏的平均值，计算平均密度时，一般以 5 或 10min 的踪迹时间作为一组计算单元。

2. 车牌照法

(1) 调查设备：秒表 2 块或动态录像机 2 台、笔。

(2) 调查人员：每端需要 3~4 名观测员，其中 1 人持秒表，负责报时，1 人记录时间，1 个人记录牌照，1 个人操作摄像机给车辆拍照。

(3) 调查步骤：

首先，查看拟调查的路段，确定测定路段的好起点和终点，合理安排好时间。

其次，将观测组成员以及要使用的仪器带到观测地点，在测定路段的两端装好动态录像机，准备开始观测。从基准时刻开始在测定区间的两端，用同步的秒表或动态录像机，测定每一辆车的到达时间，并相应地记下每辆车的牌照，如果交通量较大时，可以只记录最后 3 位数。此时，若用动态录像机，须拍摄每辆车的牌照。每位观测员负责好自己的工作，当测定的数据达到样本数量后，可以停止观测。

最后，调查结束时，检查摄像机收集的数据是否保存，检查记录的数据是否全部完整填写到记录表中，确保没有问题后，拆卸仪器后，可以撤离观测现场。

(4) 注意事项：

1) 路段两端的秒表或动态录像机必须同步。

2) 观测时不能遗漏车辆，如果交通量特别大，而且同时观测车辆到达时间及牌照有困难时，允许少记个别车辆的牌照，但每一辆车的到达时间绝对不能少。

3) 该方法适合测定较长的路段区间，以提高测量的精度，减少测量误差。

4) 基本原理同试验车法，原始车辆数也可按照式（12-1）和式（12-2）计算。不同之处是车流中的每一辆车都可以作为试验车。

(5) 调查数据分析：

将现场观测资料填入表 12-2 中。

车牌照法调查数据表　　　　　　　表 12-2

车序	车牌照号	A 处时刻	B 处时刻	车序	车牌照号	A 处时刻	B 处时刻
1			30′02″	4			17″
2			07″	5			21″
3			11″	6			27″

续表

车序	车牌照号	A处时刻	B处时刻	车序	车牌照号	A处时刻	B处时刻
7			34″	23			09″
8			40″	24			17″
9			48″	25			22″
10			54″	26			28″
11			59″	27			32″
12			31′04″	28			37″
13			08″	29			43″
14			12″	30			47″
15			18″	31			52″
16			24″	32			59″
17			30″	33		30′01″	33′07″
18			37″	34		06″	14″
19			45″	35		12″	20″
20			31′55″	36		18″	27″
21			59″	37		22″	31″
22			32′04″	38		28″	36″

将调查的日期、时间、地点、天气及测定区间长度填入密度计算汇总表（表12-3）

车辆牌照法测定密度汇总表   表12-3

日期：2008-8-28　　　　时间：10：30～11：00　　　　区间及方向：由东向西
天气：晴　　　　区间长：800m

时　刻	B处流量	超车数	被超车数	现有车辆数	瞬时密度	平均密度
10：30	33	0	0	33	41	
10：31	31	2	1	32	40	
10：32		—		31	39	40
10：33		—		35	44	
10：34				30	38	

$t_0=30′$时，33号车刚好到达A处，此时该车视为试验车，到达B处为$t_1=33′07″$，则q为1号车至33号车共33辆。又如$t_0=31′$时，43号车刚好到达A处，该车到B处为$t_1=34′14″$，则q为12车至43号车（不包括41号及42号，但包括44号车）。41号及42号到达A处时间小于43号车，而在B处却大于43号车，说明两车在AB段被43号车超越，即$a=2$。44号车到达A处时间大于43号车，而在B处却小于43号车，说明该车在

AB 段超越 43 号车，即 $b=1$。

三、出入量法的优缺点

用出入量法测定路段交通密度的优点是方法简便，无需很多设备，适用于观测路段间无合流、分流情况下的各种交通状况，既能保证精度又实用有效。

出入量法的缺点是，通过两段车辆数的测量误差随时间而累加。为了减少误差的累加，除应增加试验车的观测次数外，要把试验车每次经过 A 端的时刻都作开始时刻，且该时刻的现有车辆都作为每次的初始车辆数值。

12.4 摄影观测法调查

一、地面上（高处）摄影观测法

1. 调查设备：16mm 动态摄影机 1 台或几台，对讲机 3 台、指挥旗 2 只。
2. 调查人员：每组需要 3~4 名观测员。
3. 调查步骤：

首先，查看一下要测定的路段，选择好假设摄像机的位置，合理安排好时间。

其次，将观测员带到观测地点，安装好摄影机后，安排两人站立在拟测定的路段的两端，每个观测员带一对讲机，在高处（一般为建筑物顶部，视野开阔的地方）的观测员，用对讲机联络，站在路段的两名观测员，通过挥动手中的旗子示意，然后根据他们的位置调好摄像的范围，可以让路段上的观测员撤回，启动摄像机按钮，开始观测。当达到样本要求的数据后，可以停止观测。

最后，调查结束时，注意保存数据，检查所要收集的数据无误时，方可撤离观测现场。

4. 注意事项：

（1）通常是用 16mm 的动态摄影机在高处进行摄影，摄影机应置于观测路段的附近，并且能够覆盖整个观测路段。

（2）测定路段长度不宜过长，一般取 50~100m，若超过 100m 测定精度将会受影响。为此，当测定长路段上的交通现象（也包括交通密度在内）时，需要好几个摄影机同时进行观测。

（3）摄影的时间间隔依测定路段长度而异。当区间长为 50~100m 时，可每隔 5~10s 用一个画面即可。遇到要求详细分析交通流的场合，一般是交通量与交通密度观测同时进行。为了取得正确的交通量数值，就得缩短摄影间隔。这时摄影间隔（摄影机的送片速度）一般可取每秒 1 个画面；在高速公路上，由于车速高，这时可取每秒 2 个画面的速度。

（4）测定交通密度时，在道路上要标记每台录像机所摄范围的道路路段长。一般有两处做标记即可。如果容许精度稍低，也可不必在路面上画记号，可利用车道分割线的段数、护栏支柱数或电线杆数等参照物代替。

5. 调查结果的整理与分析

根据上述观测资料，可按下面介绍的顺序计算交通密度。

设摄影的间隔时间 Δt，总观测时间为 T，则胶卷的画面张数为 $n = \dfrac{T}{\Delta t}$。观测人员应在胶卷的每一画面中，读取摄影观测路段长的范围和清点出在此范围内存在的车辆数 K_i。将所有的 K_i 集中在总观测时间 T 内，用平均路段长度求平均存在车辆数，然后再换算成每车道每公里存在的车辆数，以及交通密度，并用式（12-6）表示：

$$K = \frac{\sum_{i=1}^{n} K_i}{n} \times \frac{1}{L} \tag{12-6}$$

式中　K——在 T 时间内路段 L 的平均交通密度，辆/km；

K_i——第 i 个画面上测定区间内存在的车辆数，辆；

n——在总观测时间 T 内，供作读取车辆数用的画面数；

L——观测区间（路段）长度，km。

如前所述，总计观测时间如果在 5min 以上时，交通流的偶然性变化或周期性变化能够消除。这种方法可以很方便地看出交通密度随时间变化情况；同时，又因为它包含短时间的变化，也就可以描绘出密度的倾向性变化。

二、航空摄影观测法

1. 调查设备：普通飞机或直升机 1 架、航空照相机一台。

2. 调查人员：需要 2～3 名观测员。

3. 调查步骤：

首先，确定好要测定的路段，在路段上做好标记，便于在飞行员识别。

其次，观测员准备好拍摄用的航空照相机，开始乘坐飞机进行观测。飞机在空中稳定后，调节相机，以一定的时间间隔进行拍摄，当达到所要的样本容量时，即可停止观测。

最后，调查结束时，保存好数据，检查所要收集的数据无误时，方可降落回到地面。

4. 注意事项：

（1）多用具有低速且在某种程度上能停在空中的直升机，这种飞机一般以在 1000～1500m 高空中能停留 30min 为极限，便于拍摄。

（2）进行航测时，一般采用测量用航空照相机。因为不要求像测量那样抬高精度，所以这种相机的拍摄效果在交通调查中已经足够了。航空设想的缩小比例尺一般可按式（12-7）求得：

$$摄影缩小比例 = \frac{透镜的焦距}{摄影高度} \tag{12-7}$$

如果比例尺与透镜焦距一致，则可根据上式求得摄影高度。航空摄影在交通调查中所使用的缩小比例尺，根据调查目的，种类有很多，但考虑到放大照片的限制，一般取 1/10000～1/12000。

（3）使用航空摄影观测法测定路段交通密度最为适宜，同时它也是能得到准确数值的唯一方法。

（4）航空观测法不宜长时间观测。这不仅是因为航空摄影费用高，而且直升机在空中飞行时间有限，航空照相机一次摄影的胶卷张数亦受到限制。其精度与摄影间隔有关，摄影间隔越短,精确度就越高,且目前还受到胶卷的张数和相机本身构造的影响。

5. 调查结果的整理与分析

在摄影后的胶卷或是照片上读取观测路段内存在的车辆数后,按上述两种交通密度计算与分析方法用式(12-6)求得平均交通密度。但是,采用航测方法时,其目的一般不仅限于观测交通密度,还要对各种交通现象进行调查。故不宜硬性规定用一种分析方法,通常都是根据各种调查目的的综合考虑分析方法。

第13章 延 误 调 查

13.1 概 述

一、延误定义及相关术语

延误：由于道路与环境条件、交通干扰以及交通管理与控制设施等驾驶员无法控制的因素所引起的行程时间损失，以 s/辆或 min/辆计。

固定延误：由交通控制装置引起的延误，与交通量大小及交通干扰无关，主要发生在交叉口处。交通信号、停车标志、让路标志和铁路道口等都会引起固定延误。

运行延误：由各种交通组成部分之间相互干扰而引起的延误。运行延误分为两种，一种是由其他交通组成部分对交通流的干扰而引起的延误，如行人、受阻车辆、路侧停车以及横穿交通等因素引起的延误；另一种运行延误是由交通流之间的干扰而引起的延误，产生这种运行延误的主要原因是交通拥挤、汇流、超车与交织运行等因素。

停车延误：车辆由于某种原因而处于静止状态所产生的延误。停车延误等于停车时间，其中包括车辆由停止到再次启动时驾驶员的反应时间。

行程时间延误：实际行驶的总行程时间与完全排除干扰后以平均速度通过调查路段的自由行驶时间之差。这一延误包括停车延误、加速延误和减速延误。

排队延误：车辆排队时间与车辆按自由行驶车速驶过排队路段的时间之差。排队时间是指车辆从第一次停车到越过停车线所用的时间。

引道延误：引道延误为引道实际耗时与引道自由行驶时间之差。其中引道实际耗时为车辆通过引道延误段实际所用的时间；引道自由行驶时间为不受干扰车辆通过引道延误段所用的时间。引道延误段指的是引起全部或大部分引道延误的引道路段，其长度随引道上的排队车辆数而变化。

延误率：车辆通过单位长度路段的实际运行时间与车辆在理想条件下通过该路段所需要时间之差。

车流延误率：车流中各辆车的延误率总和，即车流在单位长度路段上的总损失时间。因此，车流延误率就等于单向交通量乘以延误率。

二、延误调查的目的和意义

进行延误调查是为了确定产生延误的地点、类型和大小，评价道路上交通流的运行效率，在交通阻塞路段找出延误原因，为制定道路交通设施的改善方案、减少延误提供依据。

通过延误调查可以直接得到车辆行程时间和损失时间的准确资料，这对于评价道路交通设施的服务质量、进行道路交通项目的工程经济分析以及研究交通拥挤程度等方面都具有十分重要的意义。

13.2 延误调查方法

一、点样本法

这个方法最早是1954年由美国加利福尼亚大学伯克利分校提出的,方法比较简便,不需要专门的仪器设备就可以测定,因此在各国得到广泛的应用。该法属于停车时间法。

每个交叉口入口引道处需要3~4名观测员和1块秒表,观测人员和所需要的秒表总数根据需要调查的引道数确定。

点样本法的优点是该方法可以自动调整,一个样本总的错误或遗漏对最终结果几乎没有影响;同时,该方法不依赖于信号设备。点样本法能够得到比较完整的描述交叉口停车延误的统计数字。但是,当停车数量百分比很高时,由于排队车辆数目很大,在15s或20s的时间里清点停在入口的车辆数几乎是不可能的,点样本法很难适用。当入口为多车道时,无论是否分车道调查,清点停驶车辆和不停驶车辆都比较困难。即使入口为单车道入口,点样本法也无法区别不同流向的车辆延误时间。另外,点样本法只能得到平均停车延误时间,而无法获得延误时间的分布特性。

二、车牌照法

车牌照法属于行程时间法的一种,它是通过记录一定车辆的牌照号码、特征和通过交叉口延误调查段两端的时刻,进而获得在交叉口实际耗时的方法。用实际耗时减去畅行行驶时间,即为车辆延误时间。如果有以往资料已知畅行行驶车速,则可利用交叉口延误段长度除以畅行车速计算出畅行行驶时间,否则还需要调查畅行行驶车速。特别是在做前后对比分析调查时,若假定的引道畅行行驶时间不变,则前后两次调查都可不必测定引道畅行行驶时间,只要用交通设施改善前的平均引道时间减去改善后的平均引道时间即可得到交通设施改善所降低的引道延误值。

三、HCM2000调查法

该方法是美国HCM2000给出的延误现场测量方法,是直接观测交叉口排队车辆计算车辆的延误。该方法就是测量交叉口的控制延误的一个重要方法。一般每个调查的车道组需要3个人(交通量较大时可考虑增加观测人员),第一个观测员配备设备为一只秒表,第二个和第三个观测员各配备一个计数器、交通量记录表格。该方法是美国HCM2000给出的延误现场测量方法。

四、跟车法

跟车法是指观测人员乘坐沿待测路段行驶的测试车,观测并记录有关行车延误资料的方法。该方法适合路段行车延误调查。跟车法调查延误一般需要两名观测员,两块秒表。其中一人读表,一人记录。用跟车法调查路段的行车延误,可同时获得行驶时间、行驶车速、行程时间、行程车速和延误时间等完整资料。

五、驶入驶出法

驶入驶出法是路段行车延误调查方法的一种,而且这种方法只适合于调查瓶颈路段的行车延误,并且假设如下:车辆到达和离开属于均匀分布;车辆排队现象存在于某一持续时间内,在其中某一个时段中,若达到的车辆数大于道路的通行能力时则开始排队,而当到达车辆数小于道路的通行能力时，则排队便将逐渐消散。

利用该法调查在两个断面同时进行，在调查路段的起始点各设一名观测员，用调查交通量的方法，以 5min 或 15min 为间隔累计交通量，通过求瓶颈路段阻塞时平均行程时间和不阻塞时所需的行驶时间，求得平均延误时间。

六、基于 GPS 法

基于 GPS 法测延误适合路段行车延误调查，该方法是利用一辆装有 GPS 的试验车在待测的道路上行驶，计算机终端实时记录车辆的行驶状态，根据 GPS 的反馈信息，来计算行车延误。测得速度不为零时的时间总和就是行驶时间；车辆通过整个路段的时间就是行程时间；在路口或有交通标志的地点，速度为零的总时间就是固定延误时间；在整个路段车速为零的时间总和就是停车延误时间；在无路口或交通标志的地点，速度为零的总时间就是运行延误时间。可见，利用 GPS 可以方便快捷地得到相关的时间信息。

13.3 交叉口延误调查

一、点样本法

1. 调查设备：秒表、笔、记录表、记录垫板。
2. 调查人员：交叉口每一入口引道处需要 3~4 名观测员，其中 1 人持秒表，负责报时，1 人负责数每个间隔末停在停车线后的车辆数，1 人数实际停车数和不停驶数。
3. 调查步骤：

首先，查看一下要调查的地点，合理安排好时间，进行合理分组。

其次，将各小组成员带到观测地点，准备开始观测。观测员站在停车线附近的路侧，其中 1 人持秒表，按预先选定的时间间隔（通常为 15s，根据情况也可以取其他值，例如 20s）通知另外的 2~3 名观测员。第二名观测员负责清点停在停车线后面的车辆数，记录在记录表中，每到一个预定的时间间隔就要清点一次，注意要按照时间间隔重新记录。第三名观测员负责清点经过停车通过停车线的实际车辆数（停驶数）和不经过停车通过停车线的车辆数（不停驶数），当交通量较大时，可有两个观测员分别清点，每分钟小计一次，并计入记录表中相应的栏内。连续不断地重复上述过程，直至取得所需的样本量或交叉口引道上交通显著的改变，不同于拟研究的交通状况时为止。

最后，检查所要收集的数据是否已全部完整填写到记录表中，准备撤离观测现场。

4. 注意事项：

（1）若所调查的交叉口为定时信号控制，选定的取样间隔时间应保证不能被周期长度整除，否则的话，清点停车数的时间有可能是周期中的某个固定时刻，而失去了抽样的随机性，调查启动（开始）时间应避开周期开始（如绿灯或红灯启亮）时间。

（2）每到一个清点停到入口车辆数的时刻（例如 15s 时），要清点停车入口和拟调查的车道上的所有车辆，而不管它们在上一个时刻是否已被清点过。也就是说，若一辆车停时超过一次抽样时间间隔，则这辆车就要不止一次的被清点。在任一分钟内，入口交通量的停驶数一栏中的数值总是小于或等于这一分钟内停在入口车辆的总数（即 0、15、30、45s 时停在入口车辆数之和），这一特性，可用来判断记录的正确性。

点样本法调查交叉口延误现场记录表　　　　　　　　表 13-1

交叉口：_____　　引道：_____　　车　道：_____
日　期：_____　　天气：_____　　观测员：_____

开始时间	在下列时间内停在引道内的车辆数				引道交通量	
	+0s	+15s	+30s	+45s	停驶车数	不停驶数
小计						
合计						

（3）对于入口为多车道的交叉口，若不要求区分某一具体车道上的延误，可不分车道调查，否则要按车道安排调查人员。

（4）最好在交叉口观测人员 12～16 人的情况下调查，每个入口引道 3～4 人，4 个入口引道处同时调查，及节省时间，调查结果又有可比性；如果调查人员较少，可对各个入口引道轮流进行观测，但数据可比性不强。

5. 样本容量：

用点样本法调查交叉口延误，必须有足够的样本数，以保证所要求的调查精度。当所关心的是停驶车辆的百分率时，应用概率统计中的二项分布来确定需要调查的最小样本数。

$$N = \frac{(1-p)\chi^2}{pd^2} \tag{13-1}$$

式中　N——最小样本数；

　　　p——在交叉口入口引道上的停驶车辆百分率，％；

　　　χ^2——在所要求的置信度下的 χ^2 值，按表 13-2 取用。一般情况下，置信度可选 95％，相应的 $\chi^2 = 3.84$；

　　　d——停驶车辆百分率估计值得容许误差，d 值取决于调查目的，其范围一般为 0.01 到 0.1，通常采用 0.05 或 0.06。

一定置信度下的 χ^2 值　　　　　　　　表 13-2

χ^2	置信度％	χ^2	置信度％
2.71	90.0	5.02	97.5
3.84	95.0	6.63	99.0
7.88	99.5		

这里，样本容量指的是包括停驶车辆和不停驶车辆在内的入口引道车辆总和。在正式观测之前，为确定适当的样本容量 N 需要初步估计停驶车辆百分率。为此，最好进行一

次现场试验调查。一般在交叉口入口引道上观测 100 辆车便可以估计出适当的 p 值。

若假定 $p=50\%$，解式（13-1）可得出在所要求的统计精度下的最小样本容量，见表 13-3。在任何情况下，所取样本数不应小于 50 辆。调查工作结束后，要根据实际的样本数 N，计算出停驶车辆百分数 p，然后按所要求的置信度用式（13-1）反算出停驶车辆百分率的估计误差 d，若不能满足要求，则需要增加样本数，重新调查。

最小样本容量（$p=50\%$） 表 13-3

容许误差 d	置 信 度		
	90%	95%	99%
5%	1084	1536	2632
10%	271	384	663

6. 调查数据分析：

交叉口延误调查，通常用下述指标来表达：

$$总延误 = 总停驶数 \times 抽样时间间隔，辆 \cdot s \tag{13-2}$$

$$每一停驶车辆的平均（停车）延误 = \frac{总延误}{停驶车辆数}，s \tag{13-3}$$

$$每一入口车辆的平均（停车）延误 = \frac{总延误}{入口交通量}，s \tag{13-4}$$

$$停驶车辆百分率 = \frac{停驶车辆数}{入口交通量} \times 100\%，\% \tag{13-5}$$

$$停驶车辆百分率的容许误差 = \sqrt{\frac{(1-p)K^2}{pN}} \tag{13-6}$$

当计算的停驶车辆百分率的误差在 0.01～0.1 范围内时，说明本次调查满足精度要求，结果有效。

二、车牌照法

1. 调查设备：2 台无线电对讲机、4 块秒表、记录垫板。
2. 调查人员：每个引道入口可设一个观测小组，每组需要 5～6 名观测员。
3. 调查步骤：

首先，查看一下要调查的地点，必须确定入口断面和出口断面。合理安排好时间。

其次，将各小组成员带到观测地点，准备开始观测。入口断面记为断面Ⅰ，参照以往引道最大排队长度来确定，将交叉口入口停车线作为出口断面，记为断面Ⅱ。调查开始，1 人持对讲机站在断面Ⅰ的路侧，当被调查的车辆到达断面Ⅰ时，便将其车型、特征和车牌号末位三位数字用对讲机通知断面Ⅱ的观测人员。调查小组的其余 3～4 调查人员均站在断面Ⅱ的路侧，1 人持对讲机与断面Ⅰ观测员联络，其余 3～4 人记录。持对讲机者负责接收断面Ⅰ上观测人员发来的信息，将接收到的信息分别告诉记录人员。记录人员一听到传送的关于某辆车的信息，立即记下当时的时刻，然后按记录的车辆的特征、车型及车号，再从来车群中寻找自己负责记录的车辆。当该车通过断面Ⅱ时，马上记录下其通过时刻。如果要分流向研究车辆的延误，记录人员还要记下该车辆通过停车线后的去向。表

13-4 为一典型车牌照法延误现场调查记录表。

最后，调查结束时，检查所要收集的数据是否已全部完整填写到记录表中，准备撤离观测现场。

车牌照法延误现场调查记录表　　　　　　表 13-4

交叉口名称：_____　　引道：_____　　调查时段：_____
日　　期：_____　　天　气：_____　　记录员：_____

序号	特征	车型	车号	通过断面Ⅰ时刻 (min, s)	通过断面Ⅱ时刻 (min, s)	流向	通过调查段时间 (s)
1	黑/大众	小	007	36 27	36 50	左	23

4. 注意事项

（1）若在调查过程中一旦发现车辆排队超过了断面Ⅰ的位置，应及时予以调整，并将调整前后调查资料分开整理。

（2）要慎重对待在交叉口延误段有停靠站的公交车辆。如果不抽取这些车辆也能获得足够的样本数量时，最好不调查这些车辆，只有在需要调查这些车辆时才抽取它们。

（3）当需要调查某一流向车辆的延误时间时，抽取的样本总数要比通常要求的样本数大某一倍数，即

$$N_t = \frac{N}{R} \tag{13-7}$$

式中　N_t——调查某一流向车辆引道时间时应抽取的样本总数；
　　　N——所需某一流向最小样本数；
　　　R——某一流向的车辆在车流中的比例，一般用小数表示。

这是因为引道延误段一般比较长，车辆行至断面Ⅰ时，驾驶员尚未打开转向指示灯，此时断面Ⅰ的观测员无法判断车辆的流向。如果在专用转弯车道上调查，由于此时能判断出车辆的流向时，可以直接确定所需要样本数，不需要通过公式计算倍数。

（4）上述调查得到的延误为交叉口引道延误，若断面Ⅱ选择在交叉口下游某点，则可得到控制延误观测数据。

（5）畅行行驶车速可通过来回几次驾驶车辆通过交叉口，并记录车辆在交叉口上游某点的点速度得到，一般要求该点位于不受交叉口影响的中间路段上且没有排队车辆的影响。

（6）用该方法调查，由于车辆通过断面Ⅰ的时刻由断面Ⅱ的观测人员记录，因此会存在一定的误差，但一般小于2s，并且形成负误差，即观测的引道延误均小于车辆的实际耗时。

5. 样本容量

为了保证一定的精确度，进行交叉口延误调查时，需要确定调查的最小车辆数，可根据式（13-8）确定。

$$N = \frac{(SK)^2}{E^2} \tag{13-8}$$

式中　S——样本标准差，单位为s，通常取值$S=10\sim20$s；

　　　E——容许误差，s，通常取值$E=2\sim5$s；

　　　K——与所要求置信度相应的常数，可按表13-5查用。

一般置信度下的 K 值　　　　　　　表 13-5

K 值	置信度（%）	K 值	置信度（%）
1.00	68.3	2.00	95.5
1.50	86.6	2.50	98.8
1.64	90.0	2.85	99.0
1.96	95.0	3.00	99.7

6. 调查结果的整理与分析

（1）将实际耗时和畅行行驶时间的数据分组整理，分别求平均值，两者之差就是平均每辆车的引道延误时间。若引道实际耗时的容许误差范围为$\pm E_t$，引道自由行驶时间的容许误差范围为$\pm e$，则平均每辆车的引道延误的误差范围就是$\pm \max\{E_t, e\}$，其区间估计为平均每辆车的引道延误$\pm \max\{E_t, e\}$。

（2）将引道实际耗时的观测数据减去畅行行驶时间平均值，然后再分组整理，则可获得引道延误的分布规律。

（3）由于车辆通过断面Ⅰ、Ⅱ时所记录的是绝对时间，经过适当的整理，可以得到引道延误随时间变化的规律。当然，这要求进行大量的调查，采用连续式或定时间断式调查均可。

三、HCM2000 调查方法

1. 调查设备：秒表1块、计数器2个、记录垫板。
2. 调查人员：每个调查车道组需要3～4人，1人负责持秒表，2人负责计数。
3. 调查步骤：

首先，查看一下要调查的地点，合理安排好时间，进行合理分组。

其次，将各小组成员带到观测地点，准备开始观测。

第一个观测员配备设备为一只秒表，第二个和第三个观测员各配备一个计数器、交通量记录表格。调查开始时，观测员站在停车线附近路侧人行道上，第一个观测员手持秒表，按预先选定的时间间隔（通常为15s，根据情况也可以取其他值，例如20s）发出计数指示。第二个观测员跟踪每个周期停驶车辆排队队尾，并记录每个时间间隔内的排队车辆数，填入到相应的记录表格中；第三个观测员任务是记录调查时间内到达车辆中一次或多次停驶的车辆数和总的到达车辆数（一辆多次停驶的车辆只记作一辆停驶车辆）。

最后，检查所要收集的数据是否已全部完整填写到记录表中，准备撤离观测现场。

4. 注意事项

（1）在详细调查之前，调查者应估计一下调查时段内平均畅行速度。畅行速度是假设绿灯时间延长到一定长度，车辆无阻碍离开交叉口的速度，该速度可取用在绿灯时间内，来回几次驾驶车辆通过交叉口，车辆在交叉口上游某点的点速度，一般要求该点位于不受信号控制影响的中间路段上，且没有排队车辆的影响。

（2）调查应该从车道组的某个周期红灯相位开始显示时刻开始，最好是没有前一绿灯相位余下的排队车辆。

（3）若所调查的交叉口为定时信号控制，选定的取样间隔时间应保证不能被周期长度整除，否则的话，清点停车数的时间有可能是周期中的某个固定时刻，而失去了抽样的随机性。

（4）调查开始时，调查时间虽然可用明确规定的调查时间长度（如15min），但对定时信号控制交叉口，为了操作的方便，一般采用周期的整数倍。重要的一点，为了明确调查时间内最后到达的车辆或停驶的车辆并记入调查车辆内（直到其离开交叉口），必须事先确定调查结束的时间。

5. 调查数据整理

（1）把调查资料汇总，并填入计算表（见表13-6），计算整个调查时间段内排队车辆数；

总的排队车辆数＝所有调查时间间隔内排队车辆数之和。

（2）每辆车的平均排队时间可由式（13-9）计算：

$$d_{vq} = \left(I_s \times \frac{\sum V_{iq}}{V_{tot}}\right) \times 0.9 \tag{13-9}$$

式中　I_s——调查计数间隔，s；

$\sum V_{iq}$——总排队车辆数，辆；

V_{tot}——调查时间内到达的车辆数，辆；

0.9——经验校正系数。

交叉口控制延误调查计算表　　　　表13-6

交叉口控制延误计算表			
交叉口名称		调查日期	
调查部门		观测员	
天气		地区类型：□商业中心区 □其他	
调查时段		分析年：	
输入初始参数			
车道数，N		到达的车辆数，V_{tot}	
畅行速度，FFS（km/h）		停车数，V_{stop}	
调查计数间隔，I_s（s）		周期长，C（s）	

续表

时钟时间	周期数	输入现场观测数据									
		排队车辆数									
		计数间隔									
		1	2	3	4	5	6	7	8	9	10
汇总											

计 算

交叉口控制延误作业单

总的排队车辆数，$\sum V_{tq} =$

每个车辆平均排队时间，$d_{vq} = \left(I_s \times \dfrac{\sum V_{iq}}{V_{tot}}\right) \times 0.9 =$

每个周期，每个车道停车数 $= \dfrac{V_{stop}}{N_c \times N} =$

减—加速延误校正系数，CF（参阅表 13-7）

调查的周期，$N_c =$

停车率，$FVS = \dfrac{V_{stop}}{V_{tot}} =$

校正的减—加速延误，$d_{ad} = FVS \times CF =$

控制延误（每辆车），$d = d_{vq} + d_{ad} =$

（3）按照计算表提供的公式，计算停车率和每个周期每车道平均停驶的车辆数。停车率 FVS 可用式（13-10）计算：

$$FVS = \dfrac{\text{停驶车辆总数}}{\text{到达车辆总数}} \times 100\% \quad (13\text{-}10)$$

式中 FVS——停车率，%。

每个信号周期每车道平均停驶的车辆数可用式（13-11）计算：

$$\text{每个信号周期每个车道停车数} = \dfrac{\text{所有停车数}}{\text{车道数} \times \text{观测信号周期数}} \quad (13\text{-}11)$$

（4）参照表 13-7，查阅适合车道组畅行速度和每个周期每车道平均停驶的车辆修正系数 CF，该系数是对减—加速延误的修正。

减—加速延误校正系数，CF（S） 表 13-7

畅行速度（km/h）	≤7 辆	8～19 辆	20～30 辆
≤37	+5	+2	−1
>37～45	+7	+4	+2
>45	+9	+7	+5

注：当每车道排队车辆超过 30 辆，结果不准确。

(5) 计算平均每辆车的控制延误,可用式(13-12):
$$d = d_{vq} + d_{ad} \tag{13-12}$$
式中 d_{ad}——$FVS \times CF$;

d_{vq}——平均每辆车的控制延误,s。

13.4 路段行车延误调查

一、跟车法

1. 调查设备:测试车 1 辆、秒表 2 块、记录垫板。
2. 调查人员:每组需要 2~3 名观测员,一个方向作为一组。
3. 调查步骤:

首先,查看一下要调查的线路,确定好调查路段的起止点,并沿途设置好控制点,并对控制点的路缘石或中心线做好标记。

其次,将各小组成员带到观测路段,准备好测试车,做好准备开始观测。当车辆驶过调查起点是,观测员启动第一只秒表(车辆到达调查终点前不得中途停表),记录沿路程经过各控制点时间。当车辆停止或被迫缓行时,观测员启动第二只秒表,测量每一次延误持续时间。车辆恢复正常行驶时,观测员将第二只秒表停止,并在表 13-8 中记录每次延误时间、地点、原因,然后将秒表及时回零。最后,车辆到达调查路线终点时,停止一只秒表,并记录运行的总时间。

最后,调查结束时,检查所要收集的数据是否已全部完整填写到记录表中,准备撤离观测现场。

跟车法观测行程时间与延误现场记录表 表 13-8

日　　期＿＿＿＿＿＿　　天气＿＿＿＿＿＿　　行程编号＿＿＿＿＿＿

路　　线＿＿＿＿＿＿　　方向＿＿＿＿＿＿

行程开始时间＿＿＿＿＿＿　　地点＿＿＿＿＿＿　　里程＿＿＿＿＿＿

行程结束时间＿＿＿＿＿＿　　地点＿＿＿＿＿＿　　里程＿＿＿＿＿＿

控制点		停止或被迫缓行		
地点	时间	地点	延误(s)	原因

行程长度＿＿＿＿＿＿　　行驶时间＿＿＿＿＿＿　　行驶车速＿＿＿＿＿＿

停驶时间＿＿＿＿＿＿　　行程时间＿＿＿＿＿＿　　行程车速＿＿＿＿＿＿

观　测　员＿＿＿＿＿＿　　记录员＿＿＿＿＿＿

备注:

4. 注意事项：

(1) 为了记录方便迅速，对车辆停止或被迫缓行的原因可事先规定一些缩写符号，如，S 代表交通信号，L 代表左转车干扰，C 代表路侧停车，P 代表行人干扰，B 代表自行车干扰，E 代表公交车辆上下客，T 代表一般性阻塞，K 代表故意消磨时间等，根据情况可暂时记录，调查完毕后，再将其补全。

(2) 调查路线的总长度和所选各控制点之间的距离，可直接用皮尺测量或在可靠的地图上用比例尺确定，也可以根据车辆上装置的里程表得到。调查路段总长度一般不小于 15km；即使不需要求出车速，也要确定起终点间距离，以便得到单位长度的延误。

(3) 调查通常是在良好的天气条件下进行，对于对比调查要选择相似的天气条件。进行前后对比调查时，应选择相似的天气条件以便使调查结果具有可比性。

(4) 根据目的选择高峰小时或非高峰小时进行，同时也要注意调查时间上的可比性。调查公共交通车辆的延误和行程时间，在选择调查时间时，要考虑早晚上下班高峰，以反映该时段的运行状况。

5. 样本容量

为了保证调查结果可靠，必须到达样本容量要求。表 13-9 给出的是美国采用的样本容量推荐值，可供参考。根据待测路段的道路交通条件，可参照该表的推荐值选择预测样本数。

行程时间和延误调查的样本容量（置信度为 95%） 表 13-9

道路类型		达到下述精度所需样本容量	
		5%	10%
有信号区道路	双车道，不阻塞	30	8
	双车道，阻塞	40	10
	多车道，不阻塞	18	5
	多车道，阻塞	50	13
公路	双车道 1130 小汽车/h	25	6
	双车道 1440 小汽车/h	42	11

6. 调查结果的整理与分析

调查结果可汇总为

(1) 路线延误调查结果表达

整个路线的运行时间和延误调查结果可用图 13-1 所示方式表达，由图中可以看出整个干道的车速、累计行程时间及各交叉口的平均延误。

公交路线的行车延误时间通常绘成时间—区间图（如图 13-2 所示）。由该图可以看出公交延误的详细情况，用柱状图的长度来表示每种延误的所占的比重。

(2) 区域行程时间与延误表达

前面介绍了某一条路线的行程时间和延误调查结果表达方式。实际工作中，通常需要

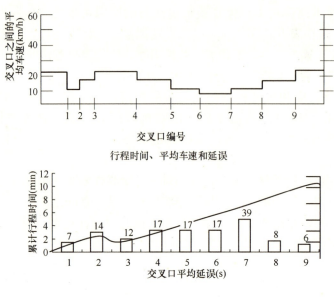

图 13-1 调查结果汇总图

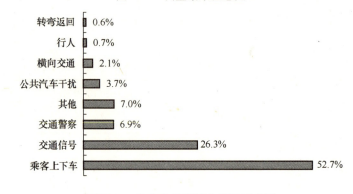

图 13-2 公交车延误调查结果示意图

整个市区的行程时间与延误情况。从某一个起始点对所有路线进行调查,得到行程时间和延误数据,进而可以绘制成等时线图,以表示在一个给定的时间内,从一个共同的起点所能到达的距离。在相邻两条等时线相互接近处,就是交通阻塞路段。在等时线呈峰状向前延伸处,则是车辆能自由行驶的高速路段。

(3) 车流延误表达法

延误的另一种表达方式是计算车流延误率。将整个道路网的延误率标在图上,可以表示出单位长度路段的延误分布情况,根据相应路段的交通量即可确定总的延误量。

(4) 延误比率表达法

各项延误占总延误的比率反映出各项延误与总延误以及各项之间的数量关系。各项延误占总延误的比率用柱状图绘制出来,如同图 13-2 的样式,标出各项延误所占的延误比率。

二、驶入驶出法

1. 调查设备:秒表 2 块、对讲机 2 台、记录垫板。

2. 调查人员：每组需要 2～3 名观测员。

3. 调查步骤：

首先，查看一下要调查的瓶颈路段，确定好调查路段的起止断面，安排好合理的调查时间。

其次，将观测组成员带到观测路段，做好准备开始观测。在瓶颈路段的起、终断面各设一名观测员，用调查交通量的方法，以 5min 或 15min 为间隔累计交通量。两个断面的观测员用对讲机联络同时进行调查，即两断面的开始时间同步。大约累计 1～2h 根据情况结束调查时间。如果受阻车辆排队有可能超过瓶颈起点时，该断面位置要根据实际其概况后移。若该路段通行能力已知，则瓶颈终点（出口）断面可以不调查。

最后，调查结束时，用对讲机联系对方，根据实际情况同时结束调查，检查所要收集的数据是否已全部完整填写到记录表中，撤离观测现场。

4. 注意事项：

（1）驶入—驶出法很难得到平均每一受阻车辆延误以及受阻车辆百分比，并且不能确定延误产生的准确地点和原因，也无法分清延误类型。

（2）驶入—驶出法前提假设是车辆到达率和离开率是均一的，而实际的交通状况是车辆到达率与离开率往往是随机的而并不均一，与实际很难相符合。因此，交通量的统计间隔越小，瓶颈长度越短，精度也越高。

（3）驶入—驶出法虽然存在一些缺点，但该方法简单，调查结果可以非常直观地以图表形式呈现，因此，作为研究瓶颈路段的行车延误，具有一定的实用价值。

5. 样本容量

样本容量没有限制要求，该调查要包括堵塞的整个过程，一般要比堵塞时间长一些。

6. 调查数据整理与分析

以实例来说明调查数据整理与分析的方法。表 13-10 是某公路上的瓶颈路段发生阻塞时的调查结果。已知该处通行能力为 360 辆/h，或每 15min 平均通过 90 辆车。

某瓶颈路段堵车调查结果表　　　　　　表 13-10

时 间	到达车辆数		离开车辆数		阻塞情况
	到达	累计	离开	累计	
8：15～8：30	80	80	80	80	无阻塞
8：30～8：45	100	180	90	170	阻塞开始
8：45～9：00	120	300	90	260	阻塞
9：15～9：30	90	390	90	350	阻塞
9：30～9：45	70	460	90	440	阻塞开始消散
9：45～10：00	70	530	90	530	阻塞结束

由表 13-10 可见，在 8：15～8：30 这段时间内到达的车辆数少于道路通行能力，没有阻塞。而从 8：30 开始的第二个 15min 内到达车辆数为 100 比离去车数多 10 辆车，于是开始阻塞。8：45～9：00 是高峰，到达车辆数增加，所以继续堵塞。从 9：30～9：45 到达车辆已减少。从 8：30～9：30 这段时间内车辆到达一直超过通行能力，车辆排队有增无减，直至出现最大排队长度。在 8：30～8：45 这段时间内，开始出现排队，阻塞开

始;直到 9:30 以后排队逐渐消散,阻塞也慢慢消散,在 10:00 以后累计到达车辆数等于累计离开车辆数,交通阻塞结束。

现在试求单个车辆,如第 180 辆车通过瓶颈段的延误时间。它的位置在 180－170＝10 辆排队车辆的末尾,由于瓶颈段的通过能力是 90 辆/15min,所以每辆车通过瓶颈段所需的时间为 $\frac{15}{90}$min。所以第 180 辆车通过瓶颈段所需的时间为:

$$\frac{15}{90} \times 10 = 1\frac{2}{3} \text{min} \tag{13-13}$$

由延误定义可知,第 180 辆车通过瓶颈段的延误为实际行程时间与无阻碍的行驶时间之差,即:

$$1\frac{2}{3} - \frac{15}{90} = 1\frac{1}{2} \text{min} \tag{13-14}$$

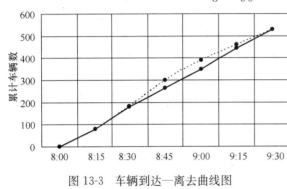

图 13-3 车辆到达—离去曲线图

可将表 13-9 的数据绘成图 13-3 所示的车辆到达—离去曲线。其中,虚线表示累计到达的车辆数;实线为离开的累积车辆数(当通行能力已知时,可用计算的数据;当通行能力不能确定时,为实测的累计离开车辆数)。两曲线之间的水平间隔就是某辆车通过瓶颈路段所需的时间,垂直间隔则为某段时间受阻车辆数。两曲线围成的面积是所有受阻车辆通过瓶颈路段所需的总时间,记为 D_a。当车辆不受阻塞时通过瓶颈路段需时间与受阻车辆通过瓶颈路段所需时间相比较小时,则 D_a 可认为是受阻车辆的总延误时间。

由数学分析可知:

$$D_a = \int_a^b [\varphi_2(t) - \varphi_1(t)] dt \tag{13-15}$$

式中 φ_1、φ_2 ——分别为 t 时刻累计离开和累计到达车辆数;

a, b ——分别为调查的起始时刻。

在实际问题中,$\varphi_1(t)$、$\varphi_2(t)$ 解析式一般不易求得,不能直接应用式(13-15)。但可用 $\varphi_1(t)$、$\varphi_2(t)$、折线形式近似计算 D_a,计算求得:

$$D_a \approx 1351 \text{(辆·min)} \tag{13-16}$$

所以每辆车通过瓶颈路段所需的平均行车时间为:

$$T_s = \frac{D_a}{\text{总通过量}} \text{(s 或 min)} \tag{13-17}$$

当无堵塞时,每辆车所需行驶时间 t_a 为:

$$t_a = \frac{3600}{\text{通行能力}} \text{(s)} \tag{13-18}$$

$$t_a = \frac{60}{\text{通行能力}} \text{(min)} \tag{13-19}$$

所以,平均每辆车的延误为:

$$d_s = T_s - t_a \tag{13-20}$$

当 t_a 较小时可以忽略,则 $d_s = T_s$。

对于上述例子则有:

$$d_s = \frac{1351}{530} - \frac{60}{360} = 2.38(\text{min}) \tag{13-21}$$

宏观层次

第14章 行人交通调查

14.1 概 述

一、行人相关术语

(1) 步频：行人在单位时间内行走时跨步的次数（或双脚先后依次着地次数）。常用单位为步数/分钟或步数/秒。步频是反映行人步行的特征指标之一。

(2) 步幅：又称步长，是指行人行走时每跨出一步的长度，单位为 cm 或 m。步幅也是反映行人步行的特征指标之一。

(3) 行人速度：行人在单位时间内行进的距离，单位一般为 m/s。速度为步幅与步频的乘积。行人速度不仅与行人个体特性有直接关系，而且与步行道路特性和交通环境特性有直接关系。

$$v = d_{\text{pace}} \cdot f_{\text{step}} \tag{14-1}$$

式中 v——行人步行速度；
d_{pace}——行人步行的步幅；
f_{step}——行人步行的步频。

(4) 行人流率：单位时间内通过某一断面的行人数，通常表示为 15min 或每分钟的行人数量。

(5) 单位宽度人流量：人行道单位有效宽度上的平均人流量，单位是人/min/m。

(6) 行人密度：人行道或排队区内单位面积上的行人数，单位是人/m²。分为行人静态密度与行人动态密度。行人静态密度是指某一时刻行人设施上，单位面积内站立等候中的行人数量；行人动态密度是指某一时刻在行人设施上，单位面积内正在行走的行人数量。

$$D = \frac{N}{S} \tag{14-2}$$

式中 D——行人密度；
N——区域内人数；
S——区域面积。

(7) 行人空间：人行道或排队区内行人的平均占有空间，单位为 m²/人。分为行人静态空间与行人动态空间。

(8) 行人群：一起步行的一组人，通常是由于行人控制设施（如信号灯）造成的。

(9) 行人服务水平：描述行人步行感受的一种服务质量标准。一般多用人均占用面积、步行速度、行人自由程度、超越他人或横穿人流的可能性、安全舒适程度等指标来衡量。

(10) 行人通行能力：指在良好气候与道路条件下，行人以某一速度均匀行走时，单位时间内可能通过某一点或某一断面的最大行人数量,一般以1h通过1m宽道路的行人数(人/(h·m))或1min通过1m宽道路的行人数量(人/(min·m))表示。在通行能力分析中,常用15min流率作为稳定人流存在的最短时间间隔。行人通行能力又分为理想通行能力、实际通行能力和设计通行能力三类。

行人最小安全穿越间隙:车辆到达行人穿越处的时间间隔大于或等于某一确定的时间间隔时,行人可安全穿越街道或公路等设施,又不干扰行车,此时间间隔就称为行人最小安全穿越间隙。

二、行人交通调查的目的与意义

行人交通调查是行人交通设施规划的基础工作,其目的是通过行人交通调查,获取行人交通数据,研究区域内行人组成、行人分布、行人交通特性、步行目的、行人流量与流向、行人交通组织及其中存在的问题,为行人交通现状分析、行人交通预测、行人设施合理规模确定、行人设施规划与设计、行人设施布局优化、行人信号灯设置、行人交通组织优化与管理提供可靠的科学依据。

三、行人交通调查的内容

行人交通调查包括的内容较多,主要分为行人步行交通特性调查、行人交通出行特征调查、其他行人交通情况调查等。这些调查有部分交叉,主要由研究的问题来决定。另外,行人交通调查有时与其他调查如停车调查、公交调查等相重合,可与这些调查进行数据共享,以减少调查工作量。

1. 行人步行交通特性调查

此部分指为研究行人交通自身步行特性进行的交通调查。包括步行速度、行人流率、单位宽度行人流率、行人流量、步幅、步频、行人动态密度、行人动态空间、行人流量流向分布、行人时间分布、行人服务水平、行人性别组成、年龄分布、行人携带行李大小、行人过街行为、行人路径选择行为等。另外还需对行人交通所处环境进行详细调查,如天气、温度、行人设施尺寸及其他特征、障碍物分布、是否受信号灯控制、步行出行目的、转向机动车交通量及冲突的角度、调查区域内主要土地利用形式等。此项内容中,部分参数可以相互换算,可在调查前选择合适的调查内容,以备相互校核与数据的适用性分析。

2. 行人交通出行特征调查

此部分指区域内行人交通出行的相关特征的调查。包括区域内主要行人交通来源、行人吸引点与产生点分布、行人产生量与吸引量、行人步行距离、行人出行目的、行人主要流量流向、行人时间分布、行人方向分布、行人年龄组成、性别组成、行人设施分布、行人路径分布、行人交通管理控制方式及其相关技术指标等。此项调查主要为行人交通预测、行人设施规划与设计、行人交通组织方式等目的提供数据基础。

3. 行人交通管理与组织调查

此部分调查主要涉及行人交通管理与安全,部分可以到相关部门搜集,部分必须进行调查。主要包括行人交通事件、行人交通管理与控制方式及其相关技术指标、行人交通组织形式、行人交通遵章、障碍物分布、行人设施被占用程度、行人设施形式等,另外尚需结合调查目的对行人出行特征进行部分调查。这些方面均涉及行人交通管理与安全,是与行人最密切的部分。

4. 其他行人交通调查

除以上情况的其他行人交通相关调查。

14.2 行人交通调查方法

一、调查方法概述

行人的交通流数据采集方法是在机动车数据采集方法的基础上发展起来的，分为人工交通数据调查法和仪器交通数据调查法。仪器交通数据调查法指利用传感器技术、微电子技术、超声波技术、GPS 技术、视频技术进行行人交通数据采集方法。下面结合行人交通的特点来讨论数据采集方法。

（1）从采集对象的特殊性考虑，行人交通行为具有随意性的特点，这使得传统的机动车自动数据调查方法较难适应。在行人交通调查中，人工调查仍旧是最广泛采用的行人数据调查方法；视频数据技术也随着计算机与视频录像技术的进步也在行人交通数据调查中得到了广泛的应用；GPS 行人数据技术作为更先进的数据采集方法，可以适应行人行走随意性的特点，并能实时记录数据，也在一定程度上得到了应用；红外线感应等其他行人交通数据调查技术也逐渐成熟，正逐步应用在实际工程中。

（2）从行人调查数据的多样性考虑，应依据采集数据的内容选择合适的行人交通数据采集方法。视频采集法具有重现性的优点，比较适合多种数据采集如流量流向、简单的行人交通组成等，但是由于反复进行录像数据处理，耗费人力较大。人工数据采集法可以结合问卷调查到较完整的行人个人属性数据，也可以采集到流量等行人交通数据。其他的数据调查方法也有一定的适用性。

（3）从采集数据的连续性考虑，对于一定时间段内连续采集行人交通数据，人工法显然不太适用，视频交通数据调查法花费的人力较少，可以适应长时间数据采集。另外，GPS 行人数据采集方法适用于行人微观交通数据的采集，但是存在行人行走不自然的可能性。

二、行人交通数据调查方法

目前，行人交通最主要的采集方法是人工调查法和视频数据采集方法。这里主要介绍这两种方法，附带介绍 GPS 行人交通数据采集法。

1. 人工调查法

人工调查法是应用最广泛的方法，采用这种方法需要的工具十分简单。常用的工具为秒表、计数器、尺子等。

人工调查法具有机动灵活、易于掌握、精度高的特点，但是，若用人工观测法进行长期连续调查，则耗资巨大。

人工调查法常用于短期的交通调查，可用来进行短时间行人流量流向调查、行人个体属性的采集等，如用秒表记录行人通过人行横道的时间计算行人的步行速度，记录行人的性别、年龄等参数。

2. 视频数据采集法

视频数据采集法是利用视频输入设备对行人交通进行摄像，然后对摄像进行图像识别和数据采集的方法。此方法具有可重现、准确性高、适应长时间数据采集等特点。视频采集法的不足之处在于对运动物体识别困难，在录像后处理阶段需要借助人工处理完成，需要耗费较多的人力。

视频采集法可用来进行单个行人和多个行人交通数据的采集，包括速度、流量、流向、可接受间隙、启动时间等。

目前，也有部分研究人员开发出相关视频行人交通数据自动或半自动采集软件，如北京工业大学开发了基于视频的交通流数据采集 Track 软件、美国 Image Sensing Systems（ISS）公司开发的 AutoScope 视频检测系统、荷兰代尔夫特科技大学的 S. P. Hoogendoom 开发的行人数据分析系统等，但均难以自动精确采集行人交通数据尤其是行人微观交通行为数据，需要人工辅助来进行。

随着视频系统的发展与范围的扩大，视频数据采集法是未来发展的方向。

3. GPS 采集法

近年来 GPS 技术在交通数据采集中发挥了巨大的作用，GPS 采集方法具有以下优势：（1）全天候工作；（2）能为用户提供连续、实时的三维位置、三维速度和精密时间，不受天气的影响；（3）定位精度高，单机定位精度达到 10m，采用差分定位，精度可达厘米级甚至毫米级；（4）体积较小，基站和流动站等所有设备都易于携带和安装；（5）功能多，应用广。

在进行行人微观行为研究的时候，需要采集单个行人的启动过程和行进过程的连续数据，这时人工观测法已经不能满足数据采集的需要。因此，把 GPS 技术应用到行人的数据采集中，就可以采集到行人的启动过程和行进中的微观数据。

通常利用 GPS 采集的是单个行人的数据，主要用来研究行人的微观交通特性，当需要对不同的行人进行大量的数据采集的时候并不适用。另外，此方法存在行人交通行为不自然等可能性。

14.3 行人交通调查

一、人工调查

1. 调查准备及调查过程

调查目的：调查行人交通特性步行速度与步幅的分布规律，为行人设施规划设计提供基本参数。

调查地点：根据调查任务与目的选定。一般可选择市中心较为密集的商业区道路两侧人行道。为了避免行人行进时受到横向干扰，一般可选择有行人护栏、宽度无变化、绿化带完好、无公共交通车站及大型公共建筑，如大商场、影剧院等的人行道。冬夏季节主义寒风烈日的影响。

调查时间：除为了调查特定时间段的行人交通外，一般可选择上、下午有代表性的时间段，如上午 9：00～11：00，下午 4：00～6：00。当然也同样注意气候季节的影响，必要时可提前或推后。

调查方法：一般每组调查由 2 人组成，负责一个路段的调查。每组配置计时用电子秒表 1 块，计步数用计数器 1 只以及其他如皮尺、记录板等工具。其中 1 人观测，分工负责观测时间和观测步数，另 1 人书面记录。观测距离一般可取 30m，或其他较易于计算的长度，但不宜过短。调查前，需将行人按调研目的预先分类，一般可以将行人分为 5 类：男性中、青年，男性老年，女性中、青年，女性老年，儿童。观测员在调查过程中，选择能便于观测的地点对行人随机抽样进行目光跟踪，当对象进入观测范围时开动秒表，开始对行人的步行步数计数，直至观测对象穿越终点，停止秒表及计数器的记录，将所记时间步数和行人类型告诉记录员。行人走向可在一次调查过程中开始前预先确定，中间不再更改。调查记录格式见表14-1。

行人步行速度调查表　　　　　　　　　　　　表14-1

调查地点：　　　　　调查时间：　　　　　调查人：　　　　　天气：
调查路段：　　　　　调查时段：　　　　　观测距离：　　　　气温：

序号	行人类型	步数	时间	行人走向
1				
2				
3				
4				
…				
N				

另外一种调查方法是由一个调查员单独进行。调查时调查员根据调查要求，尾随某一行人行走，记录行人通过观测路段的时间和步数，但这种方法的缺点是调查员工作量及劳动量均较大。另外，行人发觉有人跟踪调查时，往往改变其原来的行走方式，影响观测结果，甚至使得调查无效。

2. 数据结果整理与分析

将各次调查资料汇总整理后求出行人全部样本总体以及五种类型行人的步幅与步行速度的平均值与分布表，并按照数理统计方法计算出行人速度和步幅长度的标准差、方差及其相应置信区间。

二、视频录像调查

1. 调查准备及调查过程

调查目的：为了改善区域内的行人交通设施与管理水平，需要调查区域内的行人交通的流量、流向、速度等指标。

调查地点：需要改善的某行人交通区域；摄像机架设地点要求可以俯瞰全部行人交通区域。

调查时间：为了调查特定时间段的行人交通外，一般可选择上、下午有代表性的时间段，如上午9：00～11：00，下午4：00～6：00。当然也同样注意气候季节的影响，必要时可提前或推后。如商业区域的行人高峰时段在周末下午2：00以后。

调查过程：

（1）准备：在调查前，对安放仪器地点要进行反复核查，同时对调查人员进行简单培训，并检查电池等设备各组件的状态，确保仪器可正常使用。

（2）安装摄像机：在合适地点，安装摄像机支架，必要时可以使用较重物体挂在支架中间的挂钩上，保证安装稳固；将摄像机安装在支架上，调整镜头和焦距，将调查区域都置于录像机下。

(3) 记录数据：按动摄像机开关开始摄像，并有 1 名调查人员留守，保证摄像机的正常工作和相关器材的安全。

(4) 调查结束：按下停止开关，关闭电源。将摄像机从支架上拆下来装到摄像机包中，然后将支架拆除，整理好准备返回。

(5) 数据提取：返回后，将视频数据导入到电脑硬盘设备中，可以反复的通过观看视频，记录行人通过的时间，按照 5min 时间段统计交通流量流向。调查表记录格式可如表 14-2 所示：

数据统计表格　　　　　　　　　　　　　　　表 14-2

调查地点：	调查人：	调查时间：	天气：
方向 时间段			

2. 调查结果整理与分析

根据调查的行人流量流向，绘制区域行人流量流向图，确定目前的行人交通设施的服务水平，确定进行下区域行人设施规划与设计的行人流量标准，完善区域行人交通设施。

三、GPS 调查

1. 调查准备及调查过程

调查目的：研究行人的启动加速度与行进过程中的加减速度分布规律。启动与停止加减速度是行人重要的微观交通特性，是研究行人微观交通行为的重要参数，是进行交叉口行人信号设置的重要数据。

调查地点：一般可以选择交通管理较完善的交叉口，也可以选择空旷地带进行。

调查时间：选择天气晴朗，气候较适宜行人户外行走的时间段。一般为上午 8：00 以后，下午 5：00 以前。

调查过程：

(1) 准备：检查电源是否已充足电，检查设备各组件的状态，确保各部件正常。

(2) 架设 GPS 基站：架设在地势较为开阔、平坦，上方无遮挡物的高台处，同时周围必须没有无线电发射台，以防干扰接收和发射信号。在连接好基站各部件后，通过笔记本电脑检查卫星接收状况，确认通讯状态和定位精度良好。

(3) 流动站的使用：将流动站的接收装置（天线）和发射装置（无线电台）放在背包里面，行人背着行走，保证安装稳固，连接各组件，接通电源。为有效消除各种类型的系统误差，要求基站和流动站必须同时跟踪和收集来自至少 4 颗同步卫星的数据。

(4) 选择调查对象进行调查，同时记录行人的个人属性，如年龄、性别等，此时为了保持行人的正常行走状态，尽量不要告诉行人调查的目的，以免被调查者行人特征异于日常。

(5) 调查结束后，将数据导入电脑中，进行数据分析。

2. 调查结果整理与分析

将行人各次行走数据进行汇总，计算其启动与停止加减速度与行进过程中的加减速度，计算其平均值方差，并按照数理统计方法计算其标准差、方差及其相应置信区间。

第 15 章 停 车 调 查

15.1 概 述

一、停车的有关术语

(1) 停车供应：指一定的停车设施区域内按规范提供的车位数。

(2) 停车需求：指给定停车区域内特定时间间隔的停放吸引量，一般用代表日的高峰期间停放数表示。

(3) 停车目的：指车主（驾驶人员、汽车人员）在出行中停放车辆后的活动目的，例如上班、上学、购物、业务、娱乐、回家等。

(4) 停车设施容量：停车区域或停车场有效面积上可用于停放车辆的最大泊位数。

(5) 累计停车数：指在一定时间（时段）实际停放车数量。

(6) 延停车数：指一定时间间隔调查点或区域内累计停放次数（辆次）。

(7) 停车时间：指车辆在停放设施实际停放时间。平均停车时间（$\bar{t}$）是指在某一停车设施上，全部实际停放车辆的停放时间的平均值，它是衡量停车场（点）处的交通负荷与周转效率的基本指标之一。计算平均停车时间公式如式（15-1）所示：

$$\bar{t} = \frac{\sum_{i=1}^{N} t_i}{N} \tag{15-1}$$

式中　t_i——第 i 辆车的停车时间，min；

　　　N——停车数，辆。

(8) 停车密度：停车密度是停车负荷的基本度量单位，分为停车时间密度和停车空间密度。停车时间密度是指某一停车场（点）的停车吸引量或某一区域内所有停车场（点）的停车吸引量随时间变化的程度，它可以用停车吸引量时间分布柱状图来表示；停车空间密度是指在同一时间段内，不同停车场（点）的停车吸引量的变化情况，它反映了不同停车场在某一时间段内停车吸引的强弱程度，可以用停车吸引量的空间分布柱状图来表示。

(9) 停放车指数（饱和度、占有率）：是指某一时刻（时段）实际累计停放量与停车供应设施容量之比，它反映停车场地拥挤程度。高峰停放指数（W_n）是指某一停车设施在高峰时段内累计停放量与该停车设施容量之比，它反映了高峰时间停车的拥挤程度。

$$W_n = \frac{n}{c} \tag{15-2}$$

式中　W_n——高峰停放指数；

　　　n——高峰时段停车数量；

　　　c——停车场的车位数。

(10) 停放周转率 f_n：表示一定时间段内（一日或几个小时等）每个停车车位平均停

放车辆次数。即总停放累计次数除以停车设施泊位容量的比值。

$$f_n = \frac{N}{c} \tag{15-3}$$

式中 N，c 含义同前。

(11) 利用率 g_n：反映了单位停车泊位在一定时间段内的使用效率。

$$g_n = \frac{\sum_{i=1}^{N} t_i}{c \times T} \tag{15-4}$$

式中 g_n——停车场（点）利用率，%；

T——时间按段的时长，min；

t_i，N，c 含义同前。

(12) 步行距离 L_n：指停车存放后至出行目的地的实际步行距离。步行距离可反映停放设施布局的合理程度。对于泊车者来说，能承受的步行距离有一定的限制。

二、调查的目的意义

停车场调查是城市停车场规划的基础工作，其目的是查明城市停车场的规模、形式、分布、经营状况、停车规律、停车水平及城市停车存在问题，为停车需求预测、合理确定停车场规模、优化停车场的选址、制定停车场建设与管理对策提供可靠的科学依据。

三、停车调查的内容

按照资料分类，停车场规划调查分为停车设施基础资料调查、停车特征调查、相关资料调查。

1. 停车设施基础资料调查

停车设施基础资料调查在全市或规划区域进行，一般由规划局或公安交通管理部门提供，主要内容包括：现有停车场的规模（泊位数、占地面积）和地点位置、现状停车状况及存在问题、现有停车场的形式及构成、停车场的收费、停车场统计资料（建设规模、投资及效益）、配建停车场指标及使用情况、停车场建设方式及管理体制、停车场附近的交通状况、停车场附近的环境条件等。

2. 停车特征调查

停车特征调查主要掌握城市停车规律，为停车需求预测及规划做准备。停车特征调查通过停车专项调查完成，主要调查内容包括：停车场饱和状态、停车场服务对象及范围、停车时间分布、停车时间分布、停放周转率、停车目的、停放方式、停车地点到目的地步行距离等。

3. 相关资料调查

收集与停车场规划相关的规划、基础资料，主要包括：城市社会经济发展规划、城市总体规划、分区规划、详细规划、城市交通规划、现状和规划用地规模及分布、现状和规划城市道路统计资料、城市车辆统计资料等。

15.2 停车调查方法

一、调查方法

停车设施基础资料调查和相关资料调查可采用直接访问有关部门或发放调查提纲得

到，调查简单，工作量小。停车场专项特征调查工作量大、数据多、时间长，一般采用抽样调查、选择典型示范调查，一种停车方式最少调查一个停车场。调查方法通常采用三种方式：询问调查、发表调查和直接观测记录调查。

1. 询问调查

询问调查由调查员根据调查内容向驾驶员直接询问填写调查表。此种方法简单、明了、调查精度较高，而且前期准备工作量小，但调查工作量大，需要调查人员多。该方法用于调查规模小、时间短、停车少的地方，如路边停车调查。要求调查内容尽量简单，表格一般包括：车辆类型、出发地、出行目的、到达时间、离开时间、停车收费等。

2. 发表调查

车辆到达停车调查范围内时，由调查员将调查表发给驾驶员，由驾驶员根据表中要求内容和注意事项填写，车辆离开时调查员将填好的调查表收回。此种方法简单，需要调查人员少，用于调查规模大、车辆多、较集中的停车设施，如大型停车场。但其填表误差率及表格回收率容易受驾驶员理解差异的影响。

3. 直接观测记录调查

这种方法主要适用在重要停车吸引源处，如火车站、码头、大型商业设施等。这些地方停车吸引量大，车辆停放时间段周转率高，采用询问、发表方式均会造成交通阻塞。该类方法又可分为连续式调查和间歇式调查两种。

连续式调查是指从开始存车到结束存车为止连续记录停车情况。为了了解按时间存车辆数、最多存放车辆数、车辆停放最长时间等情况，可用此方法。

间歇式调查是指每隔一定的时间间隔（5min、10min、15min等）记录调查范围内的停车情况，重点是了解停车场一天中停放需求（吸引）量与时段的变化。根据调查时的记录内容，可分为记车号与不记车号两种。

二、选择调查方法注意问题

(1) 调查目标要求：目标单一的可以选择相应简单的方法；调查要求多、内容广时，方法就要复杂些，宜采用多种方法的组合。

(2) 调查范围：确定为一条路、一个集散中心或是一个区域。

(3) 调查时间：应包含车辆停放高峰时段在内 8h 以上或是由于调查目的不同仅调查高峰时段停车情况。

(4) 调查过程人力、物力及设备条件，完成调查的时间要求。

(5) 调查对象：机动车、非机动车还是两者兼有。

(6) 调查要求的精度。

15.3 人工观测连续停车调查

一、调查设备

秒表、笔、记录表、记录垫板。

二、调查人员

每个出入口需要2~4名观测员。1名观测员负责观测出入车辆的牌照及时间，另1名观测员专门负责记录，当交通量较大时，将出入的车辆分开观测，2名负责观测将进入车辆，2 名负责观测离开车辆。

三、调查步骤

首先，确定要研究的区域，合理安排好时间，根据调查目的，确定好研究的方法，准备好数据调查表以及调查要用的设备工具。

其次，各组观测员到达观测地点，统计好停车场的泊位数，准备开始观测。观测员站在出入口处，分别记下各车辆出入的时间，以及车辆的牌照，可以只记后四位或后三位。连续记录 8h 的停车情况，可以停止调查。

最后，调查结束后，检查所要收集的数据是否已全部完整填写到记录表中，见表15-1，确认没有问题后，方可撤离观测现场。

连续停车调查记录表　　　　　　　　　　表 15-1

地点：_____　观测员：_____　调查表第_____张
日期：_____　时　间：_____　泊位数：_____　天气：_____

车牌号码	进入时间	离开时间	车牌号码	进入时间	离开时间

四、注意事项

（1）停车场有的只有一个出入口，有的有多个出入口，有的出口和入口分开，应根据实际情况合理分工调查。

（2）在调查之前，事先要把已经停在停车场的存放车辆记录下来，便于数据的整理与分析。

（3）选择的时间段最好能够将停车高峰包括在内，便于达到调查目的。

五、调查统计分析

停车调查统计分析包括停车设施总量统计分析和车辆停放特征统计分析。

1. 停车设施总量统计分析

停车设施总量统计主要为停车场规模、面积、形式、构成与分布，一般用图表表示，可分地区、分性质、分方式统计。

2. 车辆停放特征统计分析

车辆停放特征主要包括周转率、利用率、车辆停放时间、停放目的、从停放地点到目的地步行距离等方面内容。

15.4 人工观测间歇停车调查

一、调查设备

秒表、笔、记录表、记录垫板。

二、调查人员

每组需要 1~2 名观测员。

三、调查步骤

首先，确定要研究的区域，合理安排好时间，根据要调查的目的，确定好研究的方法，准备好数据调查表以及调查要用的设备工具。

其次，各组观测员到达观测地点，统计好停车场的泊位数，准备开始观测。观测员首先记录每个停车泊位车辆的车牌照号码，然后每隔 15min 统计一次每个车位的停车情况，记录车辆的牌照，可以只记后四位或后三位。连续记录 8h 的停车情况，可以停止调查。

最后，调查结束后，检查所要收集的数据是否已全部完整填写到记录表中，见表15-2,确认没有问题后，方可撤离观测现场。

间歇停车调查记录表 表 15-2

地点：_____ 观测员：_____ 调查表第_____张
日期：_____ 时 间：_____ 泊位数：_____ 天气：_____

泊位号	停放车辆数			
	+15min	+30min	+45min	+60min
1				
2				
3				
4				
5				
6				
7				
8				
9				
10				
11				
12				
13				
14				
15				
16				
17				
18				
19				

四、注意事项

(1) 该停车还分为路上停车、路侧停车、停车场停车等好多种类,可以根据要调查的目的进行调整。

(2) 在调查之前,事先要把已经停在停车场的存放车辆记录下来,便于数据的整理与分析。

(3) 选择的时间段最好能够将停车高峰包括在内,以便于能够达到调查的目的。

第16章 交通事故调查

16.1 概 述

一、交通事故调查定义

交通事故是指车辆驾驶人员、行人、乘车人以及其他在道路上进行与交通活动有关的人员，因违反《中华人民共和国道路交通管理条例》和其他道路交通管理法规、违章的行为，过失造成人身伤亡或财产损失事故。

二、交通事故调查的设备及人员

皮尺，照相机，录像机，记录表，警示带等。

一般需要2~4人，2人保护现场，1人拍照，1人记录。

三、交通事故调查的目的意义

对相关资料进行收集，为道路交通安全的研究提供最基础的数据，也为制定和评价道路安全改善设施提供可靠的依据。

四、交通事故调查的内容

1. 有关管理部门收集数据资料

通过交通警察部门收集交通事故数据、气象部门收集有关气象资料、公路管理部门收集道路原始设计资料和改建与养护历史数据、交通量观测资料等。

2. 现场调查

现场调查时处理事故的基础，是分析鉴定事故的依据。为了研究交通事故与道路交通环境方面的关系，很多情况下现场勘查和调查必不可少，如当确定了某些路段事故较明显地高于其他路段时，不仅需要通过事故记录分析原因，更重要的是进行现场勘查和调查。

3. 沿线调研

沿线勘查与调研的内容可以是道路线形状况、交通安全设施状况、自然环境、交通状况村镇及居民点状况、沿线学校、特殊问题、交叉口的位置与环境等。沿线调研勘察必要时应在不同的时间、气象条件和交通状况下进行。现场调研的另一项重要工作是对交通状况予以观测，包括必要时的交通量及其交通组成观测。

4. 问卷调查

道路用户是道路安全的受益者，对道路安全状况和交通环境有最直接的感受，因此可以通过不同的道路用户，如驾驶员、行人及沿线居民等。问卷内容可以包括对道路交通环境的认识、某些事故多发地段的事故情况、交通拥挤情况等。

5. 专题试验研究

对某些特定道路与交通环境进行跟踪调查或进行必要的行车试验等。

16.2　调查方法与实施

一、调查方法

1. 现场调查

（1）交通事故现场是指发生事故的地点及事故有关的空间场所，可分为原始现场、变动现场、伪造现场。

（2）现场调查时对交通事故现场的情况，用科学的方法进行时间、空间、心理和后果的实地验证和查询，并将所得结果完整、准确地记录下来的工作。

（3）现场勘察测绘

①现场勘察测绘工作必须对以下各点作明确清楚的勘察、现场丈量、测绘草图、现场拍照、录像。

②车与车（或车撞人、撞物）开始接触的接触点、接触痕的部位高低、长宽、深浅，使摩擦还是撞击，并注意在接触部位上是否有血迹、头发、布丝等物证。

③车辆停放的位置、方向、人体躺卧的位置、形状、车与人之间的距离，车与人行道路两侧的距离。

④车与车（或人、物）从开始接触到停车的总距离，测量该距离应从开始接触到停车后的车前部最突出部位计算。

⑤测量汽车的刹车痕迹时，应区分刹车和轻刹车车印，并注意每只轮胎的刹车痕迹是否相同。

⑥测量车辆的高度、长度、宽度以及轴距和前后轮距等。测量轮距和轴距前应先把汽车的前轮调正，测量轮距应以轮胎表面之中心线为基准，如后轮是双轮时，应测量器外侧只轮胎中心线。

⑦与现场有关的道路、交通设施以及影响视线之障碍物等。

⑧其他与当时情况有关的天气、地物地形等。现场草图绘成后，应要求肇事人或其单位负责人在图上签字。

（4）准确如实填写交通事故信息现场采集表

2. 当事人调查

（1）确定事故当事人

交通事故当事人，系指车辆驾驶人员、受伤（死亡）人员和其他有关人员。除逃逸的死亡交通事故外，当事人多数是明确的。有的事故当事人单一，有的事故当事人相互交叉。

根据事故的基本情况，尽快确定当事人，并开展调查，查明事故的真相，便于事故调查工作的顺利进行。

（2）调查重点当事人的内容

①一般自然情况：姓名、年龄、民族、籍贯、文化程度、职务、工作单位、政治面貌、驾驶经历、准驾车类、驾驶证字号、有无违章、肇事前科。

②出车目的、行车路线、装载情况。

交通事故信息现场采集表　　　　　表 16-1

第一联计算机录入用

道路交通事故信息采集表　　共□□页　第□□页					
接报时间	年 月 日 时 分	开始勤察时间	年 月 日 时 分	结束勤察时间	年 月 日 时 分
8□	1 行政区划代码	□□□□□□	事故编号	□□□□□□□□	□10
9□□	2 事故时间	□□□□年□□月□□日□□时□□分 星期□			□□11
	3 路名			路号	□□12
	公里数		□□□□□	米数	□□	□□13
	4 路面宽度（米）		5 死亡人数	6 损坏车辆		□□14
	单向（单行线）	双向	死亡	受伤	机动车	非机动车	□15
	□□	□□	□□□	□□□	□□□	□□□	□16
	7 直接损失折款	□□□□□□□□元				□□17
		22 姓名	23 性别	24 年龄	25 单位或住址	□18
33 甲乙丙 □□□	甲		1 男□ 0 女□	□□		□□19
	乙		1 男□ 0 女□	□□		□20
	丙		1 男□ 0 女□	□□		□21
	26 驾驶证号、居民身份证号					甲乙丙 30
34 甲乙丙 □□□	甲	□□□□□□□□□□□□□□□□□□				□□□
	乙	□□□□□□□□□□□□□□□□□□				甲乙丙 31
35 甲□□ 乙□□ 丙□□	丙	□□□□□□□□□□□□□□□□□□				□□□
	28 驾驶证档案号			29 机动车牌号		
36 甲□□ 乙□□ 丙□□	甲	□□□□□□□□				甲乙丙 32 □□□
	乙	□□□□□□□□				
	丙	□□□□□□□□				甲 38 □□□ 乙 □□□ 丙 □□□
37 甲乙丙 □□□	事故简要情况				

		姓名	性别	年龄	38 人员类型	30 伤害程度	35 交通方式	36 出行目的	
40 甲□□ 乙□□ 丙□□	41 其他伤亡人员		1 男□ 0 女□	□□	□□□	□	□□	□□	39 甲□□ 乙□□ 丙□□
			1 男□ 0 女□	□□	□□□	□	□□	□□	
			1 男□ 0 女□	□□	□□□	□	□□	□□	
			1 男□ 0 女□	□□	□□□	□	□□	□□	
			1 男□ 0 女□	□□	□□□	□	□□	□□	

填报单位		填报时间		填报人		审核人	

第16章 交通事故调查

附：道路交通事故信息采集表说明（对上述表格所需要填写各项内容的说明，此表格中编号顺序符合规定）

8	事故分类	1 特大 2 重大 3 一般 4 轻微			1 雨 2 雪 3 雾 4 晴 5 大风 6 阴 9 其他	天气	10
9	事故主要原因	机动车	01 制动失效 02 制动不良 03 转向失效 04 灯光失效 09 其他机件故障	12 疲劳驾车 18 违章装载 13 超速行驶 19 违章倒车 14 逆向行驶 20 违章停车 15 违章超车 21 违章掉头 16 违章会车 22 违章滑行	11 正面相撞 12 侧面相撞 13 尾随相撞 21 对向刮擦 22 同向刮擦 30 碾压 40 翻车 50 坠车 60 失火 70 撞固定物 99 其他	事故形态	11
					1 原始 2 变动 3 逃逸 4 无现场	现场	12
					1 平原 2 丘陵 3 山区	地形	13
		机动车驾驶员	23 违章变更车道 29 疏忽大意 34 违反交通信号 24 不按规定让行 30 判断错误 25 违章占道行驶 31 措施不当 48 违反交通标志标线 26 违章行驶灯光 32 准驾车型不符 49 其他 27 纵向间距不够 28 人工直接供油 33 违章操作			01 潮湿 02 积水 03 漫水 04 冰雪 05 泥泞 06 翻浆 07 泛油 08 坑槽 09 塌陷 10 路障 11 平坦 99 其他	路面情况	14
					1 沥青 2 水泥 3 沙石 4 土地 9 其他	路面类型	15
					1 混合式 2 分向式 3 分车式 4 分车分向式	道路横断面	16
		非机动车驾驶人	51 醉酒驾车 55 逆向行驶 52 违章装载 56 追逐曲折竞驶 53 突然猛拐 58 违章占用机动车道 54 攀附行驶 59 畜力车驭手其他违章 69 其他		路口 11 三枝分叉口 13 多枝分叉口 15 立体交叉 12 四枝分叉口 14 环形交叉 16 铁道路口 路段 21 隧道 23 窄路 25 变窄路段 29 其他 22 桥梁 24 高架路段 26 正常	路口路段类型	17
		行人	71 违章穿行车行道 72 违章拦车 73 违章跳车 79 其他	81 非法占用挖掘道路 82 视距不足 83 路拱不符 84 超高不符 85 路面光滑 89 其他	91 指使、强迫管理人员 92 其他 99 其他	1 比较弯 4 陡坡 7 一般坡急弯 2 一般坡 5 一般弯坡 8 一般弯陡坡 3 急弯 6 急弯陡坡 9 平直	道路线形	18
33	车辆保险				公路 10 高速 13 三级 城市 21 快速路 24 支路 11 一级 14 四级 道路 22 主干路 29 其他路 12 二级 19 等外 23 次干路	道路类型	19
		1 有 2 无			1 民警指挥 4 民警及信号灯 7 无控制 2 信号灯 5 信号灯及标志标线 3 标地标线 6 其他安全措施	交通控制方式	20
34	驾机动车人类型	1 职业驾驶员 2 非职业驾驶员 3 非驾驶员			1 白天 2 夜间有路灯照明 3 夜间无路灯照明	照明条件	21
35	交通方式	驾驶汽车	11 大型客车 12 大型货车 13 小型客车 14 小型货车 15 专用汽车 16 特种汽车 19 其他汽车	驾摩托车 21 轻便 驾驶 31 无轨 22 两轮 电车 32 有轨 23 三轮 33 电瓶 拖拉 41 大型方向盘式 其 91 步行 机 42 小型方向盘式 他 92 乘人 43 手扶式 99 其他 汽车列车 51 全挂 52 半挂	1 死亡 2 重伤 3 轻伤 4 无伤 5 失踪	伤害程度	30
					1 头部 3 下肢 5 腹、腰部 9 其他 2 上肢 4 胸、背部 6 多部位	人体损伤部位	31
					1 正式 2 学习 3 临时	驾证种类	32
		驾（驭）非机动车 60 驾专用机械车 70 驾农用运输车 81 自行车 83 手推车 85 残疾人专用车 82 三轮车 84 畜力车 89 其他非机动车			专业技术	101 科学研究 121 行政办事 102 工程技术 112 党群组织 122 公安干警 103 经济业务 113 企事业 123 邮电业务 104 文化教育 130 商业 129 其他 105 文化体育 140 服务业 152 农工 109 其他 农林牧渔业	人员类型	38
36	出行目的	工作出行 11 上、下班 14 运输 12 道路作业 19 其他 13 联系工作 20 上、下车	生活出行 31 社交活动 34 购物 32 文娱活动 35 闲游 33 观光旅游 39 其他		工人 161 生产 170 个体 入 310 港、澳、台胞 162 运输 180 军人 境 320 华侨 169 其他 190 武警 人 330 外国人 200 流动人口 员		
37	机动车损坏程度	1 报废 2 严重损坏 3 一般损坏 4 轻度损坏 5 无损坏			不 201 大（专）学生 220 待业人员 在 202 中（专）学生 230 离、退休 业 203 小学生 240 家务 210 学前儿童 299 其他		
		01 公路运输 05 中外合资企业 企 02 公共交通 06 外资企业 业 03 出租汽车公司 07 其他专业运输 04 商业服务业 09 其他					
40	单位所属	行政 事业 11 科研 12 文教卫生 19 其他 机关团体 21 国家机关 22 社会团体 30 军队 40 个人 60 农业 70 外国驻华机构 80 无业 99 其他			01 直行 02 倒车 03 掉头 04 停车 05 左转弯 06 右转弯 07 变更车道 08 躲避障碍 09 驶离路面 99 其他	行驶状态	39
		姓名 性别 年龄			38 人员类型 30 伤害程度 35 交通方式 36 出行目的		

③出车前是否检查车辆技术情况、休息是否充足、有无思想负担、是否饮酒等。
④使用挡位和行驶速度。
⑤距对方（车、人、畜、物）多远感到危险，使用的挡位和时速。

⑥距离肇事地点多远，采取何种措施，是否减速、鸣号、开灯、打舵避让、行驶方向及位置。

⑦发生事故形态的具体情况。

⑧对方在发生事故前后的车速、行驶方位或行人行走状态，采取措施情况。

⑨对事故发生的原因、责任的看法和依据。

3. 车辆调查

车辆调查是对交通事故车辆技术状况进行检查和鉴定，对与交通事故有直接关系的乘员、装载情况进行了解和认定。其内容主要包括：转向、制动、挡位、轮胎、喇叭、灯光、后视镜、雨刷器及乘员、装载的具体情况。有的事故必要时要鉴定机械内部状况。对各项调查都要做好记录，如检验内容、试车路面、试车次数、检查结果等。

4. 道路调查

交通事故与道路条件和交通环境有着密切的关系，必须认真检查和鉴定，分析交通事故的道路原因，从中吸取教训和提出改进措施。

道路调查的内容有：路面状况（如有无积雪、冰冻、干湿、平整度等）、车道宽度、路基、路边构造物、桥涵的质量、道路的坡度、弯道超高、视距、天气影响（雨、雪、雾）以及是否白天或晚上等。判断道路条件的依据是交通部《公路工程技术标准》（JTG B01—2003）。

应用篇

第17章 信号交叉口信号配时通用方法

一、信号配时必要性分析

由于生活水平的提高，车辆保有量的上升，使得交通需求增加，或者由于交叉口附近有大型建设、新建商场等产生交通需求变化，原有的信号交叉口的信号配时方案已经不能满足当前的交通需求时，需要对原来的信号交叉口的信号配时参数进行重新设置。或者说交叉口原来属于无信号交叉口，由于交通需求的改变，不设置信号灯无法对交叉口的交通秩序进行管理时，考虑进行设置信号灯进行控制，从而需要建立一套配时方案来组织交叉口的车辆有秩序的通过交叉口。这时就有必要对交叉口进行信号配时。

二、信号配时分析

信号配时主要能为管理者、工程师和技师们在很低的预算情况下将交通秩序维持的最好。所以交通管理者能够不断地通过对信号配时进行调整来满足不断增长的交通需求。信号配时是一项需要不断地对不同的管理部门进行协调的任务，它并不是简单地运行计算机程序，而是需要涉及许多专业人员的协调。最突出的两部门就是交通工程师和交通信号技术师，由工程师利用软件模型设计配时方案，信号技术师再将配时方案的各种参数导入到信号控制机，进行现场调试使配时方案得以运行。但信号配时不是对控制机参数的简单调试，大多数要靠工程师付出艰苦的努力和不断积累的经验利用计算机软件和程序进行配时设置。只有配好的信号配时参数也不行，必须将参数输入到控制机里，转化成控制机接收的参数才可能运行，所以两者的协调是非常重要的环节，只有把两者的成果有机地结合，信号配时方案才能最终得以有效运行。

在实际信号配时过程中可能会遇到突发事件，如路网的变化（道路拓宽）、交通需求的重大变化（商业中心的吸引），普遍反映的相位时间过短，判断是否硬件出现故障导致，因此要现场确认硬件运转正常，配时参数没有被改变。出现突发事件后，要立即进行现场调整和系统重新配时。现场调整就需要有经验的技术师参照问题的类型根据经验和直觉进行调整，系统重新配时就是通过以前收集的数据不断地进行优化得出新的配时参数。

三、信号配时内容

要求的数据包括转向流量数据和描述性数据。

1. 数据收集

（1）转向流量调查

要有充足的转向流量数据，因为转向流量数据反映交通需求。交通工程师要求至少有早高峰、平峰、晚高峰、夜间的配时方案，对于商业区，根据其交通需求可能会有特殊的配时方案。

数据调查看起来很简单，其实很昂贵，一个交叉口的数据调查在 500~1000 元左右，将原始数据进行处理可能要花一倍的钱。也可以用美国产 JAMAR 调查仪器作电子数据调查，虽然也需要人工观测，但是观测完毕后，可以将数据直接从仪器中导出使用。也可以利用路口现存的系统或检查器获取数据。转向流量数据非常重要,不只是信号配时对数据有需求,大多数交通研究都需要交通量的信息,只不过,信号配时需要更准确的转向流量数据。转向流量调查是进行信号配时的基础,这些流量必须是能代表交通需求的,而不仅仅是通过交叉口的流量。

(2) 描述性数据

所有的信号优化和仿真模型,甚至手工配时步骤都要求对路网进行特征描述,它包括交叉口之间的距离、车道数、车道宽度、坡度、每个车道的允许流量、每个相位服务的流量。

2. 配时参数优化

数据收集后,下一步就是对信号配时参数进行优化,这项工作可以通过手工来完成,当然大部分工程师用软件程序来做。有许多软件程序可以对进行信号配时优化,Synchro、PASSER II、Transyt-7F。Synchro 是宏观的仿真优化软件,可以对单点信号交叉口、干道协调、路网进行优化,优化周期、时长、相位差、左转相位逻辑。延误和服务水平采用 HCM 方法计算。PASSER II 主要对干道协调、带宽优化,最多只能对 20 个交叉口的相序、周期长度、相位差进行运行计算,时长计算采用的是韦伯斯特方法。Transyt-7F 主要是对干道和路网优化。

3. 现场调试

如果硬件运行正常,那么最后一步就是将参数输入控制机,评价新的信号配时是否能够满足交通需求。必要时要对参数进行调整,这就需要信号技术师现场判断问题的类型并提供调整措施。很明显,调整措施的优劣与信号技术师的工作经验有很大关系。

四、信号配时的流程

1. 确定系统内的交叉口

尽管这一步非常明显,但也是非常必要的一步,目的是确定要进行分析的交叉口的范围,便于进行统筹安排,预算项目开展的经费等。对每个交叉口进行编名排号,使管理有序。另外,对交叉口的基本信息进行收集。

2. 组织收集现状数据

信号配时所需要的数据包括描述性数据和需求性数据两类。描述性数据比较容易获取,包括交叉口的几何条件表:由每个进口车道数、车道的宽度、有没有绿化带、有没有分隔带或隔离装置组成;相位配时表,每个周期的周期时长分配情况;检测器位置、类型;交通流量数据,最有用的转向流量数据,如果利用以前数据,要确认有没有交通需求的变化,如果变化比较特殊,可以利用增长系数进行校正,当变化比较大时,建议重新调查;交叉口之间的距离。

3. 调查现场的检查

这是非常重要的一步,尽管不查看交叉口,根据数据也能完成信号配时方案的设计,但是这是非常不确定的工作。自然条件的限制对交通流的影响是非常明显的,如视距不开阔、不利的进口坡度和曲率等。在数据收集之后,对现场进行查看是非常有效的,起到了对收集数据的检验作用,更有利于信号配时参数的确定与调整。

检查的内容如下:几何条件表、相位表、检测器位置、现状控制机设置、交通流观测。

通过对调查地点的检查，便于对调查数据的核实与修正，为更好地设置参数做铺垫。

4. 获取转向流量数据

以质疑的态度进行新一轮转向流量调查，对这轮短期的调查再进行分析，如果在交叉口没有重大建设或发展，可以利用原有的调查数据升级，发现流量变化发展的趋势，对数据进行评价，以便对信号配时进行指导。

5. 计算局部配时参数

通过查找计算配时参数和现场调试后配时参数的冲突点来确定是否要对局部信号控制机配时参数进行调整。这些参数的设置是交通需求交叉口的几何条件、检测器类型等结合体。

6. 确定信号组

所有的交叉口应该和单个交叉口一样高效运行，也就是说，满足本地的交通需求。确定信号交叉口组，以促使整个系统协调运行，信号交叉口分组的一个限制条件就是同一个信号组的周期长度。

7. 计算协调参数

协调配时参数受到周期长度、绿灯时长、相位差等的约束通过与局部运行参数进行对照，使协调配时参数与局部配时参数相互结合加以调整。为了将这些参数设置合理化，工程师必须了解人工计算的方法，将其与软件运行的结果进行对比，观察差异性，检测计算机软件模型的准确性。模型的数据结构是信号配时的关键信息，不能被忽视。

最后，将运算结果输出，得出新的信号配时方案。

8. 调试新配时方案

在配时方案确定后，将方案的参数带到现场进行运行调试，运行前，技术师要事先对停车延误和运行车辆的出行时间进行评价。要选择合适的时间进行调试，检查新配时方案的运行情况，观测每个交叉口的相位差是否和预想的一致，在高峰期，观测左转车道的车辆到达情况，必要时进行微调。

五、具体的步骤

1. 确定要优化的对象

2. 基础数据调查

首先对优化对象的道路几何条件进行查看，并作记录，绘制现状图进行说明。

其次是对交通需求数据进行调查，利用前面介绍的流量和延误的调查方法对早晚高峰、平峰、夜间流量和延误、现状信号配时等数据进行统计。

3. 对数据进行分析

将收集的数据进行汇总，流量按照早晚高峰、平峰、夜间等对各个进口的流量和延误数据进行汇总分析。

4. 信号配时

将对现状调查的汇总数据输入到信号配时优化软件中，对现状信号配时、延误、停车次数、服务水平等进行分析，并将软件输出的延误结果与实际调查的结果进行对比，检测软件的准确性，然后利用软件对现状的信号重新优化配时，并将优化后输出结果再与优化前的分析结果进行效果对比分析，如果效果明显得到改善，则该信号配时参数及方案就是优化的结果，可以将该方案现场进行调试，必要时并根据经验对配时参数进行调整。如果结果没有明显改善。分析判断优化失败的原因，例如，车道分布、渠化组织等问题。可根据查处的原因，在重新修改配时参数时，再进行信号配时优化，直到完成比较理想的信号配时方案。

下面以北京市某一交叉口为例，介绍 Synchro 中单点信号交叉口配时优化的步骤。

1. 现状描述

交叉口渠化现状如图 17-1 所示：

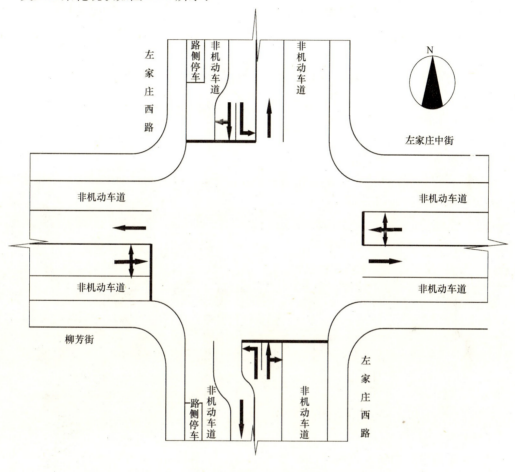

图 17-1 交叉口渠化现状

(1) 道路属性：

进口道车道宽：3m；

出口道车道宽：3.5m；

南北进口非机动车道宽：7m（有路侧停车）；

中央分隔带：南北方向——栅栏式；

东西方向——双黄线；

道路限速：东西南北——30km/h；

南北进口局部拓宽段长：40m。

(2) 交通流参数（表 17-1）：

应用篇

交叉口早高峰　　　　　　　　　　　　　　　　　　　　表 17-1

进口方向	南（N）*			北（S）*			东（W）*			西（E）*		
流向	左	直	右	左	直	右	左	直	右	左	直	右
流量	200	440	70	290	380	65	57	260	58	80	280	74
高峰小时系数	0.93	0.93	0.93	0.93	0.93	0.93	0.93	0.93	0.93	0.93	0.93	0.93

大车比例：1‰

（3）相位设置

本设计为两相位设置，其相位设置如图 17-2 所示（$\phi 2$、$\phi 4$ 分别为遵从美国 NEMA（电器工业协会）标准的相位编号分别为 2、4 的相位）。

黄灯时间：2s；全红时间：1s

2. 优化过程

（1）创建路网

根据已知现状在 Synchro 中建立路网。例如在 Synchro 的主页面中画出两条相交的道路，得出一个交叉口，如图 17-3 所示。

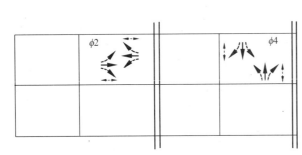

图 17-2　相位设置

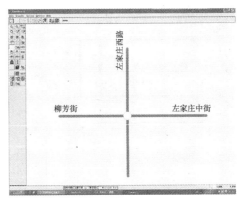

图 17-3　创建路网

（2）在车道窗口中输入数据

选择交叉口，在道路属性栏中依次输入各种参数：

①车道宽度：由于出口道为 3.5m，所以在选项设置下的路网设置对话框里进行设置。如图 17-4 所示。

在车道属性车道宽度里输入 3.5，然后点击"Set All"选项，此时路网中所有的车道均为 3.5m。同时在道路属性中车道宽度一栏中对应进口道输入 3m，见图 17-6，即完成此项输入。

②车道分布：以西进口方向为例，在所对应方向的选项中选择一条直左右车道。

③车道坡度：如果相交道路有坡度，即输入坡度值。本例中交叉口车道没有坡度，因此输入 0 即可。如图 17-6 所示。

④储车长度：如果在交叉口有拓宽车道，则可输入拓宽车道长度。本例中南北方向有左转拓宽车道，因此在两个方向所对应的左转车道中填写储车长度 40。如图 17-6 所示。

第 17 章 信号交叉口信号配时通用方法

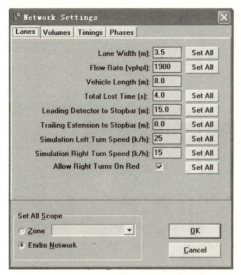

图 17-4 路网设置

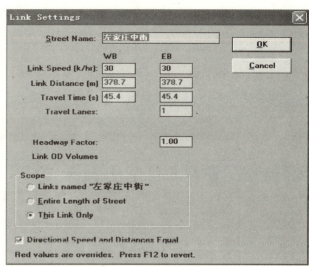

图 17-5 车道设置

⑤储车数：在对应有储车长度的选项下填写车道数，本例中南北方向各一条，因此填写 1 即可。如图 17-6 所示。

⑥道路限速：双击主窗口中车道，在其弹出的车道设置对话框中，道路速度中输入数值 30 即可，如图 17-5 所示。

（3）在流量窗口中输入数据

LANE WINDOW	EBL	EBT	EBR	WBL	WBT	WBR	NBL	NBT	NBR	SBL	SBT	SBR
Lanes and Sharing (#RL)		✧			✧							
Ideal Satd. Flow (vphpl)	1900	1900	1900	1900	1900	1900	1900	1900	1900	1900	1900	1900
Lane Width (m)	3.0	3.0	3.0	3.0	3.0	3.0	3.0	3.0	3.0	3.0	3.0	3.0
Grade (%)		0			0			0			0	
Area Type	—	Other	—	—	Other	—	—	Other	—	—	Other	—
Storage Length (m)	0.0	—	0.0	0.0	—	0.0	40.0	—	0.0	40.0	—	0.0
Storage Lanes (#)	—	—	—	—	—	—	1	—	—	1	—	—
Total Lost Time (s)	4.0	4.0	4.0	4.0	4.0	4.0	4.0	4.0	4.0	4.0	4.0	4.0
Leading Detector (m)	15.0	15.0	—	15.0	15.0	—	15.0	15.0	—	15.0	15.0	—
Trailing Detector (m)	0.0	0.0	—	0.0	0.0	—	0.0	0.0	—	0.0	0.0	—
Turning Speed (km/h)	25		15	25		15	25		15	25		15
Lane Utilization Factor	—	1.00	—	—	1.00	—	1.00	1.00	—	1.00	1.00	—
Right Turn Factor	—	1.000	—	—	1.000	—	1.000	1.000	—	1.000	1.000	—
Left Turn Factor (prot)	—	1.000	—	—	1.000	—	1.000	1.000	—	1.000	1.000	—
Saturated Flow Rate (prot)	—	1756	—	—	1756	—	1756	1756	—	1756	1756	—
Left Turn Factor (perm)	—	1.000	—	—	1.000	—	1.000	1.000	—	1.000	1.000	—
Right Ped Bike Factor	—	1.000	—	—	1.000	—	1.000	1.000	—	1.000	1.000	—
Left Ped Factor	—	1.000	—	—	1.000	—	1.000	1.000	—	1.000	1.000	—
Saturated Flow Rate (perm)	—	1756	—	—	1756	—	1756	1756	—	1756	1756	—
Right Turn on Red	—	—	Yes	—	—	Yes	—	—	Yes	—	—	Yes
Saturated Flow Rate (RTOR)	—	0	—	—	0	—	—	0	0	—	0	—
Headway Factor	1.09	1.09	1.09	1.09	1.09	1.09	1.09	1.09	1.09	1.09	1.09	1.09

图 17-6 车道窗口

111

①交通流量：在对应每个流向输入交通量。从西进口左转流向开始，依次输入交通量 80、280、74、57、260、58、200、440、70、290、380、65。

②高峰小时系数：在对应每个流向输入交通高峰小时系数。本例均为 0.93。

③大车比例：在对应每个流向输入大车比例。本例大车比例均为 1%。

以上操作如图 17-7 流量窗口所示：

VOLUME WINDOW	EBL	EBT	EBR	WBL	WBT	WBR	NBL	NBT	NBR	SBL	SBT	SBR
Traffic Volume (vph)	80	280	74	57	260	58	200	440	70	290	380	65
Conflicting Peds. (#/hr)	0	—	0	0	—	0	0	—	0	0	—	0
Conflicting Bikes (#/hr)	—	0	—	—	0	—	—	0	—	—	0	—
Peak Hour Factor	0.93	0.93	0.93	0.93	0.93	0.93	0.93	0.93	0.93	0.93	0.93	0.93
Growth Factor	1.00	1.00	1.00	1.00	1.00	1.00	1.00	1.00	1.00	1.00	1.00	1.00
Heavy Vehicles (%)	1	1	1	1	1	1	1	1	1	1	1	1
Bus Blockages (#/hr)	0	0	0	0	0	0	0	0	0	0	0	0
Adj. Parking Lane?	No	No	No	No	No	No	No	No	No	No	No	No
Parking Maneuvers (#/hr)	—	—	—	—	—	—	—	—	—	—	—	—
Traffic from mid-block (%)		0	—		0	—		0	—		0	—
Link OD Volumes	—	—	—	—	—	—	—	—	—	—	—	—
Adjusted Flow (vph)	86	301	80	61	280	62	215	473	75	312	409	70
Lane Group Flow (vph)	0	467	0	0	403	0	215	548	0	312	479	0

图 17-7　流量窗口

(4) 在信号配时窗口中输入数据

①控制类型：在窗口中左上角的控制类型中选择定周期配时。本例所选控制类型为定周期方式。

②转弯类型：在此选项中可以选择左转及右转的相位类型，此方案为两相位设计，因此在左转中选择"perm"选项，即许可型左转相位。

③黄灯时间/全红时间：在相对应的位置中输入黄灯时间及全红时间，在黄灯时间的选项中填写 2s，在全红时间的选项中填写 1s。

以上操作如图 17-8 所示：

本例中只介绍定周期相位的配时方法，其余控制方式暂不介绍，因此其他指标不在此一一介绍。且其余选项即可选择缺省值。

(5) 优化交叉口周期时长

现在所有的参数已被输入，接下来就是对此交叉口进行配时优化，选择优化选项中的优化交叉口周期时长的选项，即得出此交叉口的优化配时。

(6) 得出效率指标

在信号配时窗口中，可以得到此交叉口优化完后得到的一系列效率指标：如通行能

TIMING WINDOW	EBL	EBT	EBR	WBL	WBT	WBR	NBL	NBT	NBR	SBL	SBT	SBR	PED	HOLD
Lanes and Sharing (#RL)		✥			✥		↰	↱		↰	↱		—	—
Traffic Volume (vph)	80	280	74	57	260	58	200	440	70	290	380	65	—	—
Turn Type	Perm	—	—	Perm	—	—	Perm	—	—	Perm	—	—	—	—
Protected Phases		4	—		8	—		2	—		6	—		
Permitted Phases	4		—	8		—	2		—	6		—	—	—
Detector Phases	4	4	—	8	8	—	2	2	—	6	6	—	—	—
Minimum Initial (s)	4.0	4.0	—	4.0	4.0	—	4.0	4.0	—	4.0	4.0	—	—	—
Minimum Split (s)	27.0	27.0	—	27.0	27.0	—	27.0	27.0	—	27.0	27.0	—	—	—
Total Split (s)	27.0	27.0	—	27.0	27.0	—	43.0	43.0	—	43.0	43.0	—	—	—
Yellow Time (s)	2.0	2.0	—	2.0	2.0	—	2.0	2.0	—	2.0	2.0	—	—	—
All-Red Time (s)	1.0	1.0	—	1.0	1.0	—	1.0	1.0	—	1.0	1.0	—	—	—
Lead/Lag	—	—	—	—	—	—	—	—	—	—	—	—	—	—
Allow Lead/Lag Optimize?	—	—	—	—	—	—	—	—	—	—	—	—	—	—
Recall Mode	Max	Max	—	Max	Max	—	Max	Max	—	Max	Max	—	—	—
Actuated Effct. Green (s)	—	23.0	—	—	23.0	—	39.0	39.0	—	39.0	39.0	—	—	—
Actuated g/C Ratio	—	0.33	—	—	0.33	—	0.56	0.56	—	0.56	0.56	—	—	—
Volume to Capacity Ratio	—	1.00	—	—	0.82	—	0.55	0.57	—	0.92	0.50	—	—	—
Control Delay (s)	—	57.8	—	—	28.5	—	11.1	10.1	—	33.9	9.4	—	—	—
Level of Service	—	E	—	—	C	—	B	B	—	D	A	—	—	—
Approach Delay (s)	—	57.8	—	—	28.5	—	—	10.4	—	—	21.5	—	—	—
Approach LOS	—	E	—	—	C	—	—	B	—	—	C	—	—	—
Queue Length 50th (m)	—	61.5	—	—	48.7	—	17.3	38.6	—	35.6	31.5	—	—	—
Queue Length 95th (m)	—	#122.0	—	—	#96.6	—	38.7	63.4	—	#87.6	52.0	—	—	—
Queuing Penalty	—	0	—	—	0	—	20	29	—	104	24	—	—	—
Stops (vph)	—	532	—	—	333	—	130	277	—	295	226	—	—	—
Fuel Used (l/hr)	—	40	—	—	28	—	10	25	—	26	27	—	—	—
Dilemma Vehicles (#/hr)	—	0	—	—	0		0	0	—	0	0	—	—	—

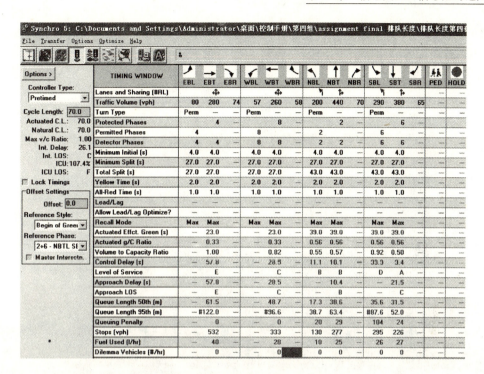

图 17-8　信号配时窗口

力、延误、服务水平、V/C、排队长度、车辆燃油消耗等等。

以上（5）、（6）操作如图 17-9 所示：

（7）交通仿真

TIMING WINDOW	EBL	EBT	EBR	WBL	WBT	WBR	NBL	NBT	NBR	SBL	SBT	SBR	PED	HOLD
Lanes and Sharing (#RL)		✥			✥		↰	↱		↰	↱		—	—
Traffic Volume (vph)	80	280	74	57	260	58	200	440	70	290	380	65	—	—
Turn Type	Perm	—	—	Perm	—	—	Perm	—	—	Perm	—	—	—	—
Protected Phases		4	—		8	—		2	—		6	—		
Permitted Phases	4		—	8		—	2		—	6		—	—	—
Detector Phases	4	4	—	8	8	—	2	2	—	6	6	—	—	—
Minimum Initial (s)	4.0	4.0	—	4.0	4.0	—	4.0	4.0	—	4.0	4.0	—	—	—
Minimum Split (s)	20.0	20.0	—	20.0	20.0	—	20.0	20.0	—	20.0	20.0	—	—	—
Total Split (s)	24.0	24.0	—	24.0	24.0	—	36.0	36.0	—	36.0	36.0	—	—	—
Yellow Time (s)	2.0	2.0	—	2.0	2.0	—	2.0	2.0	—	2.0	2.0	—	—	—
All-Red Time (s)	1.0	1.0	—	1.0	1.0	—	1.0	1.0	—	1.0	1.0	—	—	—
Lead/Lag	—	—	—	—	—	—	—	—	—	—	—	—	—	—
Allow Lead/Lag Optimize?	—	—	—	—	—	—	—	—	—	—	—	—	—	—
Recall Mode	Max	Max	—	Max	Max	—	Max	Max	—	Max	Max	—	—	—
Actuated Effct. Green (s)	—	20.0	—	—	20.0	—	32.0	32.0	—	32.0	32.0	—	—	—
Actuated g/C Ratio	—	0.33	—	—	0.33	—	0.53	0.53	—	0.53	0.53	—	—	—
Volume to Capacity Ratio	—	0.95	—	—	0.79	—	0.58	0.59	—	0.98	0.52	—	—	—
Control Delay (s)	—	43.0	—	—	24.4	—	10.9	9.7	—	51.7	9.0	—	—	—
Level of Service	—	D	—	—	C	—	B	A	—	D	A	—	—	—
Approach Delay (s)	—	43.0	—	—	24.4	—	—	10.0	—	—	25.8	—	—	—
Approach LOS	—	D	—	—	C	—	—	B	—	—	C	—	—	—
Queue Length 50th (m)	—	49.8	—	—	39.8	—	15.2	33.3	—	31.9	27.1	—	—	—
Queue Length 95th (m)	—	#105.3	—	—	#83.9	—	37.1	57.3	—	#80.5	47.0	—	—	—
Queuing Penalty	—	0	—	—	0	—	19	21	—	121	23	—	—	—
Stops (vph)	—	477	—	—	327	—	140	287	—	356	232	—	—	—
Fuel Used (l/hr)	—	35	—	—	27	—	10	23	—	25	22	—	—	—
Dilemma Vehicles (#/hr)	—	0	—	—	0	—	0	0	—	0	0	—	—	—

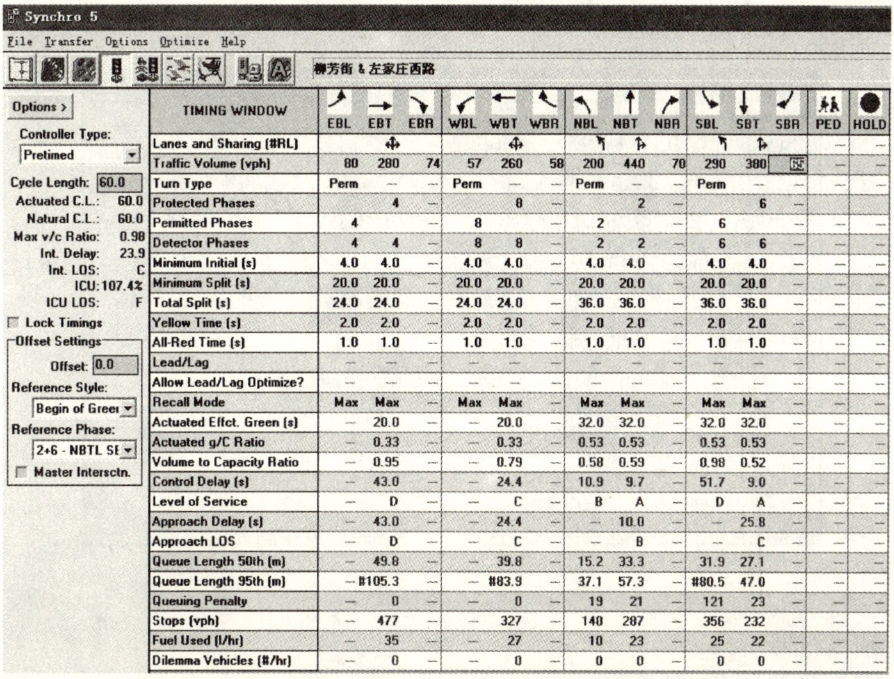

图 17-9　优化后的信号配时窗口

应用篇

利用 Synchro 软件的 SimTraffic 功能进行仿真，得到动态仿真图像，并用 Create Report 功能得到报告的预览。点击图标 ，即可得到仿真界面，如图 17-10 所示。

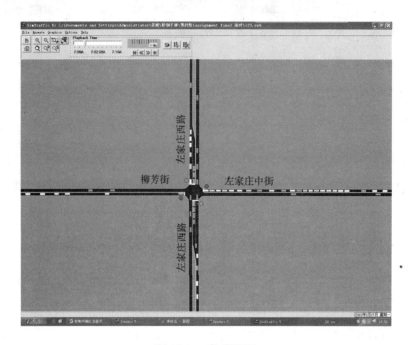

图 17-10　仿真界面

交通仿真中生成的报告包括了之前介绍的大部分效率指标，Synchro 中可以自由选择这些指标的组合，例如可以选择一条车道，一个进口道甚至是一个交叉口的效率指标。选择报表如图 17-11 所示，生成报表如图 17-12 所示。

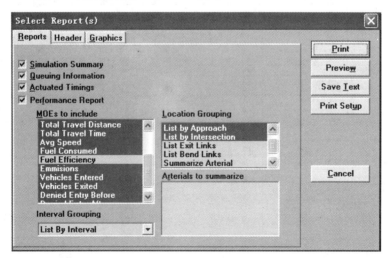

图 17-11　选择报表

（8）输出结果

此交叉口的信号配时结果如图 17-13 所示。

SimTraffic Performance Report
Baseline　　2010-9-27

3: 柳芳街 & 左家庄西路 Intersection Performance

	EB	WB	NB	SB	Total
Total Delay (hr)	2.6	2.4	0.6	0.9	6.6
Delay / Veh (s)	144.2	134.9	20.4	27.2	65.2
Stop Delay (hr)	2.5	2.3	0.5	0.7	6.0
St Del/Veh (s)	139.7	128.5	15.4	21.5	59.8
Total Stops	145	142	95	111	493
Stop/Veh	2.23	2.22	0.86	0.89	1.36
Travel Dist (km)	20.7	22.2	30.5	38.1	111.5
Travel Time (hr)	3.3	3.2	1.7	2.3	10.5
Avg Speed (kph)	6	7	18	17	11
Fuel Used (l)	8.4	8.2	5.9	7.5	29.9
Fuel Eff. (kpl)	2.5	2.7	5.1	5.1	3.7
HC Emissions (g)	5	6	4	5	20
CO Emissions (g)	93	91	72	95	351
NOx Emissions (g)	12	12	10	12	46
Vehicles Entered	70	59	111	124	364
Vehicles Exited	60	68	109	125	362
Hourly Exit Rate	360	408	654	750	2172
Denied Entry Before	0	0	0	0	0
Denied Entry After	0	0	0	0	0

4: External Intersection Performance

	NB	Total
Total Delay (hr)	0.1	0.1
Delay / Veh (s)	4.8	4.8
Stop Delay (hr)	0.0	0.0
St Del/Veh (s)	0.2	0.2
Total Stops	0	0
Stop/Veh	0.00	0.00
Travel Dist (km)	29.9	29.9
Travel Time (hr)	1.1	1.1
Avg Speed (kph)	26	26
Fuel Used (l)	4.2	4.2
Fuel Eff. (kpl)	7.1	7.1
HC Emissions (g)	3	3
CO Emissions (g)	69	69
NOx Emissions (g)	7	7
Vehicles Entered	92	92
Vehicles Exited	95	95
Hourly Exit Rate	570	570
Denied Entry Before	0	0
Denied Entry After	0	0

SimTraffic Report
Page 3
BEIJTRCEDU-EE51

SimTraffic Simulation Summary
Baseline　　2010-9-27

Summary of Entire Run	
Start Time	6:57
End Time	7:10
Total Time (min)	13
Time Recorded (min)	10
# of Intervals	2
# of Recorded Intvls	1
Vehs Entered	364
Vehs Exited	362
Starting Vehs	82
Ending Vehs	84
Denied Entry Before	0
Denied Entry After	0
Travel Distance (km)	231
Travel Time (hr)	15.1
Total Delay (hr)	7.0
Total Stops	493
Fuel Used (l)	46.6

Interval #0 Information　Seeding	
Start Time	6:57
End Time	7:00
Total Time (min)	3
Volumes adjusted by Growth Factors.	
No data recorded this interval.	

Interval #1 Information　Recording	
Start Time	7:00
End Time	7:10
Total Time (min)	10
Volumes adjusted by Growth Factors.	
Vehs Entered	364
Vehs Exited	362
Starting Vehs	82
Ending Vehs	84
Denied Entry Before	0
Denied Entry After	0
Travel Distance (km)	231
Travel Time (hr)	15.1
Total Delay (hr)	7.0
Total Stops	493
Fuel Used (l)	46.6

SimTraffic Report
Page 1
BEIJTRCEDU-EE51

图 17-12　生成的报表

周期长度：60s

相位		
绿灯时间	36s	24s

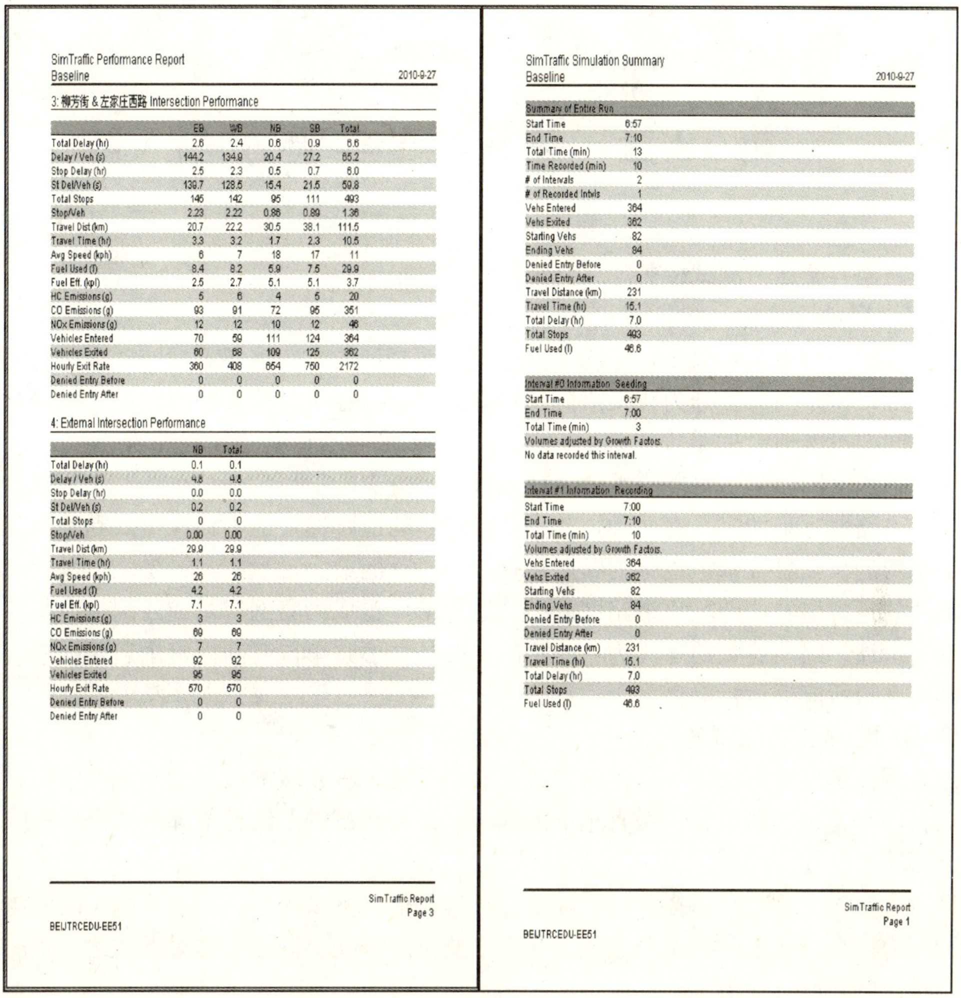

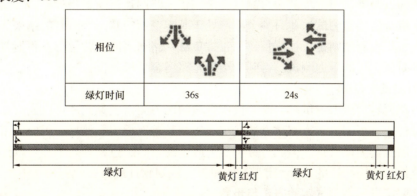

图 17-13　信号配时结果

第18章 路网容量实验方法

一、路网容量压力测试相关定义介绍：

1. 路网容量的概念

路网容量的约束条件很多，各约束条件对路网容量的影响也各不相同。按照不同的约束条件，可以将路网容量分为狭义路网容量和广义路网容量。狭义路网容量是指城市道路网单位时间内可能通行的最大人流、车流量；广义路网容量是指城市道路网上一定时间内，在各种因素制约下，可能容纳的出行人数、出行交通个体数。

城市道路网容量的定义有两种，其一是将经典的道路通行能力概念引入到路网上，即城市道路网的狭义总容量，也称为路网通行能力或路网最大流量；其二是从广义的时间与空间消耗的概念出发，即城市道路网的广义总容量，也成为路网容量或路网最大服务量。

综上所述，路网容量的定义为：一定的交通条件下，单位时间内整个道路网内所有的道路和交叉口所能够运行的最大车辆数。

2. 路网容量压力测试的概念

压力测试是性能测试的一种专门形式，它与其他工程领域的破坏性测试相类似。压力测试的目的是通过不断增加负载直至资源饱和，使被测试的系统性能降低或产生故障，从而找到影响系统性能的瓶颈。

路网容量压力测试是指搭建与实际交通环境相似的测试平台，对道路网不断的施加交通量的压力直至路网达到某个负载能力状态，测试路网在不同压力情况下的运行状况，以及可以承受的路网容量值。

3. 路网容量压力测试的分类

根据测试的不同目的和路网运行质量，路网容量压力测试可以分成正常负载压力测试和超载压力测试两类，正常负载压力测试是指在各项路网运行质量指标正常、路网正常运转的前提下进行的压力测试，此时整个路网处于基本畅通的状态，得到的结果是路网容量正常值；超载压力测试则是指当流量超出正常负载，路网不能正常运行，不能再提供正常的交通服务时所进行的压力测试，得到的结果是路网容量极限值。

4. 压力测试工具

在进行路网容量压力测试时，需要使用合适的压力测试工具，才可以完成如此大规模的复杂测试任务。目前，压力测试方法在交通领域是首次提出并使用，因此，市场上还没有出现专业的压力测试工具。但通过分析压力测试的目的、过程和效果，可以选择功能全面、稳定性好、适用性广的Cube宏观交通模拟与规划软件进行替代。

二、路网容量压力测试实验方法与步骤

压力测试作为一种测试技术，实施过程应该遵循工程上的规范要求，才能保证取得理想的测试效果。借鉴软件系统、金融系统等领域所做压力测试实验过程，建立了如下的路网容量压力测试实验方法与步骤。

1. 路网容量压力测试分析流程

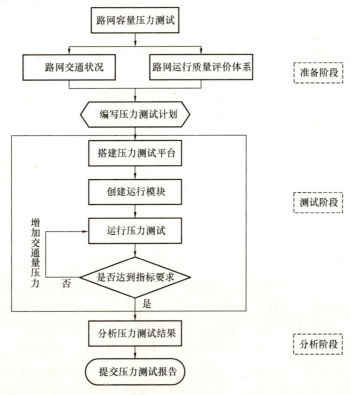

图 18-1 路网容量压力测试实验流程图

2. 路网容量压力测试步骤：

(1) 准备阶段

1) 调查路网交通状况

在确定压力测试的对象路网之后，就可以根据路网容量的关键影响因素，采集测试所需的各种交通数据。路网作为一个复杂的、随机开放的系统，很多因素都会影响容量的大小，为使压力测试的结果更贴近实际的路网状况，必须对影响路网容量的关键因素进行调查，获得相应的数据，为测试路网容量奠定基础。影响路网容量的关键因素包括：路网的道路条件、交通干扰条件、路网使用效果等。

2) 选取路网运行质量评价指标

用压力测试的方法研究路网容量是一个实验的过程，在此过程中评价指标尤为重要，因为它可以确定路网性能降低的瓶颈或拐点，以便测试过程中判断某一路网流量状态是否达到极限容量。根据压力测试的对象和最终目标，对路网运行质量会发生突变的情况进行广泛的分析和调查，从而选取一些交通参数及相应的数值，构成路网运行质量评价指标体系，如平均饱和度、平均速度、平均延误等，为进行路网容量压力测试提出标准。

3) 编写压力测试计划

编写内容全面的、高质量的压力测试计划书是取得压力测试成功的关键，能使压力测试有章可循，具有全面性、针对性、有效性，保证测试人员正确度量和严格控制测试过程。压力测试计划包括：确定压力测试的对象、制定压力测试的目标、选取压力测试的工具和拟定压力测试的进度安排等。

（2）测试阶段

1）搭建压力测试平台

进行压力测试的第一步就是搭建与实际路网相似的测试环境，即在计算机平台上应用压力测试工具——宏观交通模拟与规划软件搭建抽象路网，这是进行压力测试的基础和关键环节。搭建路网的过程中，不仅需要描绘路段，而且需要输入调查所得的各类交通参数，并根据土地利用情况、自然障碍物、车站枢纽等划分交通小区。

2）创建运行模块

根据宏观交通模拟与规划软件的流程，利用程序语言或者模块构造压力测试的运行模型，逐步进行出行发生、交通分布、交通方式划分和交通分配。在每一阶段，都可以自由选择函数并标定参数，也可以使用缺省的函数。

3）运行压力测试并检测路网性能

建立运行模块之后，即可根据测试策略对路网进行压力测试，记录每次测试的结果，同时检测路网的运行情况。如果测试结果不符合预先设定的路网运行质量评价指标，则增加交通量压力再次进行测试；一旦路网达到资源饱和或路网性能出现突变，达到路网运行质量评价指标，即可停止压力测试。

合理确定压力测试过程中压力的增加值，即每次测试增加的交通量，是顺利进行压力测试、快速得到最终结果的重要策略。本手册采用爬山法和二分法相结合的路网容量加载实验方法。此次压力的增加过程，是首先考虑到只有初始的 OD 矩阵表得出的路网流量，所以本次压力的增加是先采用爬山法进行容量的预测，当路网的饱和度接近平均饱和度时，可使用二分法逼近测试结果，以达到目的。

①爬山法

爬山法（Hill-climbing）是一种最简单的启发式搜索算法，它将最陡上升方向作为搜索方向，因此能够以最快的速度爬到山顶。其搜索过程概况是，扩展当前的节点，并估计它的子节点；将最优子节点作为下一步扩展节点，以此类推，直到爬到"山顶"为止。

应用爬山法确定压力增加值的步骤：

a. 对实验路网进行交通调查，获得 OD 数据等资料；

b. 得到一个路网流量的初始值 V_0；

c. 确定路网流量 V 为自变量，路网的平均饱和度 V/C 为因变量；

d. 根据资料数据做出爬山法的步距 Δ，假设初始值为 V_0，那么一次加载所得到的路网流量 $V_1=V_0+\Delta$，二次加载后所得到的路网流量 $V_2=V_1+\Delta$，i 次加载后所得到的路网流量 $V_i=V_i-1+\Delta$。（$i=1.2、3\cdots\cdots$）；

e. 步距 Δ 的大小可以按照以下几个方法进行计算：首先试算取步距 Δ 为初始路网流量值 V_0，如果一次加载后所得出的路网平均饱和度超过路网平均饱和度限定值，那么可以改取步距 Δ 为初始路网流量值 V_0 的 1/2 倍；如果一次加载所得出的路网平均饱和度接近前一次路网的平均饱和度，那么可以适当加大步距 Δ 为初始路网流量值 V_0 的 2 倍；以此类推，直到加载后所得的路网平均饱和度超过限定值且相差适度；

f. 当多次加载路网流量后，直到第 N 次加载后所得的路网平均饱和度超出路网容量的极限值，即停止加载，分别选取第 N 次与第 $N-1$ 次所用的路网流量值，再采用二分法进行流量加载。

选用爬山法从实际情况出发，可以合理有效的确定压力的增加值，与实际路网交通状况相符，快速找到接近路网容量的数值，然后可以综合其他流量加载方法一起进行流量的加载。

② 二分法

二分法是利用逐步逼近的数学思想求解近似解的一种方法，在软件等行业的压力测试中广泛使用，具有实用、便捷等特点。

二分法实际上是求解方程 $f(x)=0$，$f(x)$ 在 $[a,b]$ 区间为单调函数，它通过不断计算搜索区间 $[a,b]$ 中点的函数值，一步一步缩小搜索区间，直到求出方程 $f(x)=0$ 满足精度要求的近似解，如图 18-2 所示。

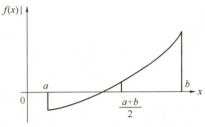

图 18-2 二分法求解函数示意图

应用二分法确定压力增加值的步骤：

a. 根据压力测试的需要和实际状况，设定精度要求；

b. 将搜索区间 $[a,b]$ 设定为 $[0,b]$，b 为应用爬山法加载所得出的超过路网流量平均饱和度且使路网运行质量评价指标不正常的数值；

c. 取 $c=\dfrac{0+b}{2}$，进行压力测试，如果测试结果仍然使路网运行质量评价指标不正常，则搜索区间变为 $[0,c]$，进入 d；如果测试结果使路网运行质量评价指标正常，但 $|b-c|>\varepsilon$，则搜索区间变为 $[c,b]$，进入 e；如果测试结果使路网运行质量评价指标正常，且 $|b-c|<\varepsilon$，则停止迭代，c 即为路网容量值；

d. 取 $d=\dfrac{0+c}{2}$ 进行测试，重复 c；

e. 取 $d'=\dfrac{c+b}{2}$ 进行测试，重复 c；

f. 重复迭代过程，不断缩小搜索区间 $[a,b]$，逐步逼近满足路网运行质量指标正常的路网流量值。

路网容量加载实验的爬山法和二分法结合使用的流程图见图 18-3。

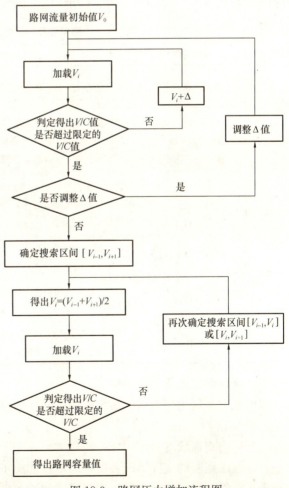

图 18-3 路网压力增加流程图

（3）分析阶段

1）分析压力测试结果

压力测试运行结束后，把所有记录的数据汇总并记录，对结果进行分析，可以使用一些图形、表格来比较和观察测试结果，得到满足路网正常运行的正常容量值和使路网运行效率下降的极限承载容量值。同时需要对测试对象进行分析，包括：压力测试使用的压力增加值、压力测试的次数、压力测试失败的原因、压力测试过程中路网运行状态。

2）提交压力测试报告

当压力测试的结果达到预期需求和目标时，可结束此次压力测试，并提交压力测试报告，内容包括：压力测试的概况、压力测试的环境、压力测试的策略、压力测试的模型和压力测试的结果，并对该路网系统进行评价，得到路网容量。

三、技术指标体系

用压力测试的方法研究路网容量是一个实验的过程，在此过程中评价指标尤为重要，因为它可以确定路网性能降低的瓶颈或拐点，以便测试过程中判断某一路网流量状态是否达到极限容量。目前，用于评价路网整体运行状况的宏观评价指标较多，在表18-1中列出。可选取一些适合的交通参数及相应的数值，构成路网运行质量评价指标体系，如平均饱和度、平均速度、平均延误等，为进行路网容量压力测试提出标准。

路网整体性评价指标　　表18-1

评价范围	指标名称	指标定义及说明	单位
路网	道路交通服务水平	指在道路上，人、车通行顺畅或拥堵的程度。	无量纲
	路网负荷度	又称路网饱和度、路网能力适应度，是路网上的实际交通量与设计容量的比值。这是公路网特有的指标，反映公路网的能力适应需求的程度，也反映出公路网的拥堵程度。	无量纲
	路网平均车速	城市道路网中，机动车的平均行程速度。这是一项综合指标，用以评价路网的通畅程度。反映了机动车在城市道路网上的平均运行状况。	km/h
	路网平均行车延误	行车延误与行驶里程的比值。这是评价道路机动车运行状况的基本指标，也是评价道路拥堵程度的重要指标之一。	s
	路网拥堵率	整个路网中，负荷度大于0.8的路段总长占整个路网线路总长的比重。路段流量加权平均。	无量纲
	负荷均匀性	道路负荷度的均方差值，是公路网特有的评价指标，反映区域内各线路上拥堵状况的差异程度。	无量纲

四、路网容量压力测试示例

以北京市某区为例，对该城区路网进行压力测试，计算其路网容量。

1. 准备阶段

（1）路网交通状况

根据城区路网的实际情况和交通环境，本次压力测试对12条主要的路段的道路条件、交通干扰条件、路网使用效果等进行了详细的调查，获得了大量的道路基础数据，其中基本通行能力根据《城市道路设计规范》确定，详见表 18-2。并对该路网划分了交通小区，通过访问、填写调查表等形式进行了 24 小时地居民出行调查，获得了 OD 数据。

某城区路网基本情况　　　　　　　　　　　表 18-2

道路名称	道路类别	车道数量（条）	车道宽度（m）	横断面形式	设计车速（km/h）	基本通行能力（pcu/h/lane）
A 路	主干路	双向四条	3.4	三幅路	50	1690
B 路	主干路	双向四条	3.5	三幅路	50	1690
C 路	主干路	双向四条	3.8	三幅路	50	1690
D 路	主干路	双向四条	4.0	三幅路	50	1690
E 路	主干路	双向四条	3.8	三幅路	50	1690
F 路	支路	双向两条	3.5	一幅路	20	1380
G 路	次干路	双向四条	3.5	一幅路	40	1640
H 路	次干路	双向四条	3.5	三幅路	40	1640
I 路	次干路	双向四条	2.8	三幅路	40	1640
J 路	次干路	双向四条	2.8	三幅路	40	1640
K 路	次干路	双向四条	2.8	三幅路	40	1640
L 路	次干路	双向两条	3.0	三幅路	30	1550
M 路	次干路	双向四条	3.0	三幅路	40	1640
N 路	主干路	双向四条	4.0	三幅路	50	1690
O 路	次干路	双向四条	2.5	一幅路	40	1640
P 路	主干路	单向三条	4.5	两幅路	40	1312
Q 路	主干路	单向三条	5.0	两幅路	40	1312
R 路	主干路	单向三条	5.0	两幅路	40	1312
S 路	主干路	单向三条	5.1	两幅路	40	1312

根据调查确定的路网容量关键影响因素，参考以往文献中的研究成果，选取北京交通发展研究中心建立的北京市战略交通模型确定路段的实际通行能力。该模型借鉴国内外的通行能力研究成果和北京市道路的具体情况，建立了北京市道路通行能力一整套的取值标准。北京市交通模型中各种路段通行能力的取值标准见表 18-3：

实际通行能力取值　　　　　　　　　　　表 18-3

道路等级	实际通行能力（pcu/h/lane）	设计速度（km/h）
主干路	960	60
次干路	680	50
支路	300～600	40

（2）选取路网运行质量评价指标

根据本次对城区路网进行压力测试的对象和最终目标，在广泛的分析和调查基础上，决定选取表 18-1 中所列的路网运行质量评价指标体系：平均饱和度。

（3）压力测试计划

压力测试的对象：城区的道路网，包括 12 条主要路段。

压力测试的目标：确定该道路网在正常运转时的路网容量正常值和路网处于临界崩溃状态时的路网容量极限值。

压力测试的工具：Cube 宏观交通模拟与规划软件。

2．测试阶段

（1）搭建压力测试平台

在 Cube Base 中根据实际路网结构搭建压力测试环境，在描绘的过程中，输入以下参数：路段类型（LINKTYPE）、行政区编号（JURJSDICTION）、通行能力索引（CAPINDEX）、时间速度标志（TIME_SPDFLAG）、时间或速度（TIM_SPD）、通行能力（CAPACITY），并划分了 12 个交通小区，如图 18-4 所示。

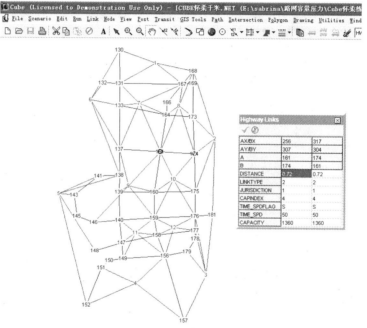

图 18-4　怀柔路网测试平台

（2）创建运行模块

对该路网创建运行程序，通过直观的模块图构造压力测试的运行模型，逐步进行出行发生、交通分布、交通方式划分和交通分配。

1）路网分析

在 Cube 软件中两次运用 MVNET 模块，核查已绘制的路网，并生成模型中能够应用的道路网文件，函数及参数设定如图 18-5 所示。

2）交通生成

交通生成通过 AVROAD 模块运行，使用该路网的 OD 调查直接提供交通生成量，从而生成 OD 成本矩阵，如图 18-6 所示。

3）交通分布

在 MVGRAM 模块中左边需要输入出行集散点记录，选用 OD 调查中数值最大的一组发生吸引交通量，格式如图 18-7 所示，路阻函数选择见图 18-8。

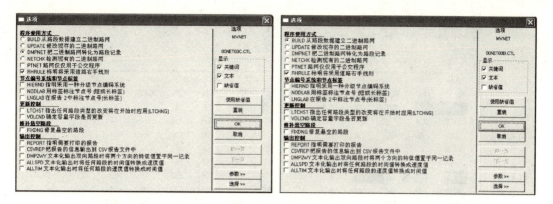

图 18-5 路网分析选项设定对话框

	Sum	1	2	3	4	5	6	7	8	9	10	11	12
	368.70	33.90	30.40	37.70	37.60	42.80	36.50	26.60	26.10	23.60	22.40	25.50	25.60
1	33.90	0.00	1.90	4.90	5.50	4.20	2.00	1.30	1.10	2.50	2.50	4.00	4.00
2	30.40	1.90	0.00	2.40	4.20	5.10	3.70	1.90	1.20	2.70	1.90	3.20	2.20
3	37.70	4.90	2.40	0.00	2.80	5.00	5.90	4.30	3.60	2.90	1.90	2.40	1.60
4	37.60	5.50	4.20	2.80	0.00	3.30	4.60	4.50	4.40	2.60	2.60	1.50	1.60
5	42.60	4.20	5.10	5.00	3.30		3.30	3.20	4.20	4.00	4.00	2.70	3.60
6	36.60	2.00	3.70	5.90	4.60	3.30	0.00	1.60	2.50	2.50	3.30	3.10	4.10
7	26.60	1.30	1.90	4.30	4.50	3.20	1.60	0.00	0.70	1.60	1.50	3.00	3.00
8	26.10	1.10	1.20	3.60	4.40	4.20	2.50	0.70	0.00	1.50	1.30	2.80	2.80
9	23.60	2.50	2.70	2.90	2.60	4.00	2.50	1.60	1.50	0.00	1.00	1.90	1.00
10	22.40	2.50	1.90	1.90	2.60	4.00	3.30	1.50	1.30	1.30	0.00	1.10	1.00
11	25.60	4.00	3.20	2.40	1.50	2.80	3.10	3.00	2.80	2.00	1.10	0.00	0.70
12	25.60	4.00	2.20	1.60	1.60	3.70	4.00	3.00	2.80	1.00	1.00	0.70	0.00

图 18-6 城区路网 OD 成本矩阵

生成路网 OD 矩阵,完成交通分布,如图 18-9 所示。

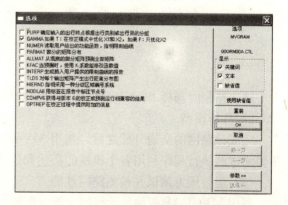

1	2638	2932
2	2451	2593
3	2601	2632
4	2426	2817
5	2605	2343
6	2058	2512
7	1531	1107
8	1663	1675
9	1037	982
10	1491	1843
11	1482	1227
12	1914	1828

图 18-7 发生与吸引交通量   图 18-8 选择路阻函数对话框

应用篇

图 18-9 中所示的是城区路网现状 OD 矩阵（图略）。

图 18-9　城区路网现状 OD 矩阵

4) 交通分配

交通分配过程可以利用 MVHWAY 模块，反复迭代该程序需要输入速度流量曲线文件，如图 18-10 所示。

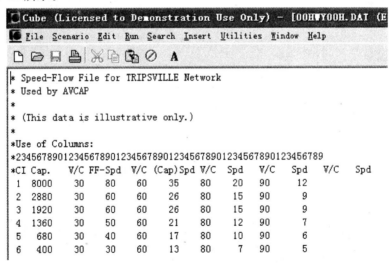

图 18-10　城区路段速度流量曲线

建立路径时选择 Burrell 法，容量限制选择平衡法，如图 18-11 所示。

5) 分析模型

完成该路网的交通分配之后，利用 MVGRAF 模块图形化显示交通分配结果，至此，压力测试的执行程序利用各个模块的搭建和连接便完成了，如图 18-12 所示。

（3）运行压力测试并检测路网性能

利用 MVGRAF 模块显示路网交通分配的结果，按需要显示 V/C、流量、速度等路网特征参数，如图 18-13、图 18-14 所示。

（4）应用爬山法来进行路网流量的加载：

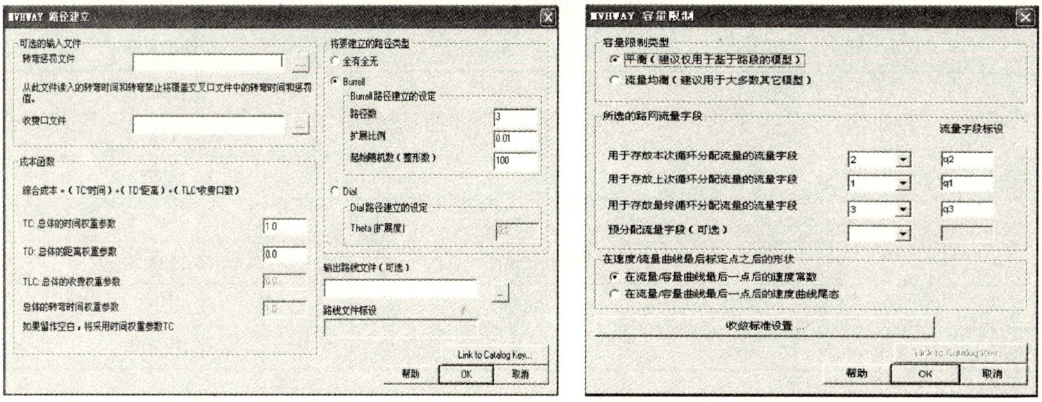

图 18-11 交通分配对话框

①此次分配结果是利用初始 OD 数据进行压力测试的第一次测试结果,结果显示目前城区路网流量初始值为 19925pcu/h,路网平均饱和度为 0.1082,现状交通量并没有达到路网容量,各路段的车辆均以设计车速行驶,整个路网运行出于畅通的状态,因此可根据压力测试策略继续对路网进行测试,观察其实时的运行情况。

②根据路网流量的初始值为 19925pcu/h,初步计算出步距为路网流量初始值的 1 倍,即 20000pcu/h。

③进行第一次容量加载,所得出的平均路网饱和度为 0.2173,符合条件,那么可以进行第二次容量加载,以此类推。

由于本次对该路网进行了较为全面和详尽的 OD 调查,因此在增加压力时可选用爬山法计算每次的压力增加值。本次 OD 调查加载后所得出的每次生成的路网流量与路网平均饱和度如表 18-4 所示:

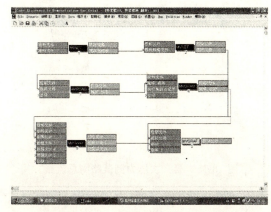

图 18-12 运行程序模块流程图

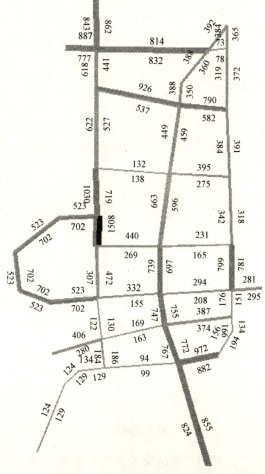

图 18-13 城区现状路网总流量

城区路网流量和平均饱和度　　　　　表18-4

加载次数	路网流量（pcu/h）	平均饱和度
1	19925	0.108158
2	39999	0.217269
3	60092	0.330872
4	80102	0.441631
5	100113	0.556723
6	120058	0.667766
7	140028	0.762811

经过7次压力测试，得到的路网相关参数如图18-15、图18-16所示。

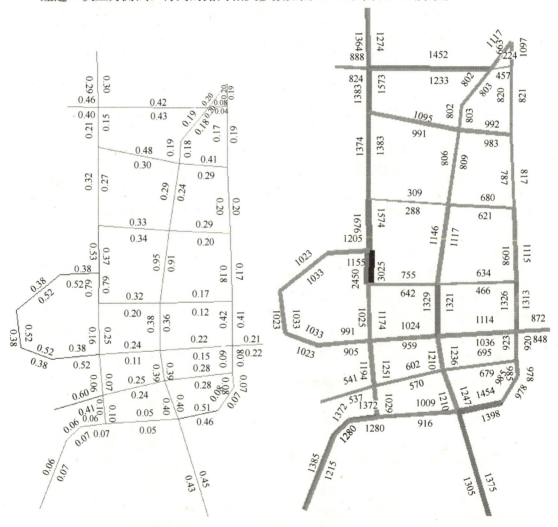

图18-14　城区现状路网饱和度　　　　图18-15　第7次压力测试路网总流量

④此时的测试结果：平均饱和度为0.7628，已超过路网运行状态限定的平均指标，不能继续进行超载压力测试，路网达到资源饱和或路网性能出现突变，即停止压力测试。

此时的路网流量为140028pcu/h。

（5）应用二分法进行路网流量加载

以上是用爬山法进行的路网流量的测试，得出超过路网流量平均饱和度的流量值为140028pcu/h与达到路网流量平均饱和度之前的流量值为120058pcu/h，应用这两个流量值，再采用二分法进行以下部分的流量加载。

①根据压力测试的需要和实际状况，设定精度要求 ε 为 0.001。

②将搜索区间定为超过路网流量平均饱和度的流量值140028pcu/h 与达到路网流量平均饱和度之前的流量值为 120058pcu/h，即为 [120058，140028]。

③取搜索区间的中间值为路网流量是 129964pcu/h 的数值进行加压，所得出的路网平均饱和度为 0.7167，由于该值没有达到路网运行质量评价的指标，且 | 0.75 − 0.7167 | ＞0.001，即再进行下一步流量的加载。

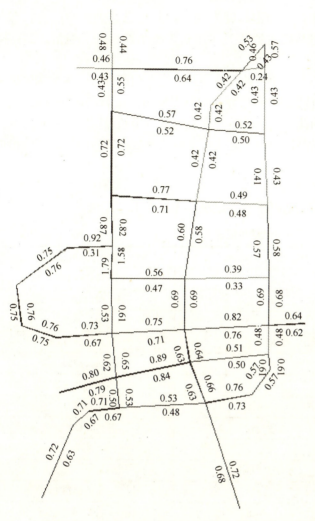

图 18-16　第 7 次压力测试路网平均饱和度

④再重复进行上一步计算，逐步迭代，不断缩小搜索区间，逐步逼近满足路网运行质量指标正常的路网流量值，得出每一次加载的路网平均饱和度。

⑤当进行第 14 次加载时，所得出的路网流量为 137267pcu/h，所得的路网平均饱和度为 0.7501，且 | 0.75−0.7501 | ＜ε＝0.001，则停止迭代，

结果显示，此时的路网运行状态为正常，逼近满足路网运行质量指标正常的路网流量值。每次加载所得的路网流量和路网平均饱和度如表 18-5 所示。

二分法测试顺序及结果汇总　　　　　　　　　表 18-5

加载次数	路网流量（pcu/h）	路网平均饱和度
7	140028	0.762811
6	120058	0.667766
8	129964	0.716717
9	134960	0.74008
10	137536	0.751337
11	136238	0.745475
12	137008	0.749932
13	137267	0.750113

应用篇

采用二分法进行压力测试的结果，平均饱和度为 0.750113。已达到路网运行状态濒于崩溃时的平均指标，即路网平均饱和度达到 0.75，则认为整个路网的交通量达到路网容量极限值，即 137267pcu/h。

可见，爬山法和二分法相结合的方法是一种较为快速的压力测试方法。本次实验是基于居民出行的 OD 矩阵表所得出的路网流量值，所以先采用爬山法进行路网流量的加载，直到得出超过限定值且最接近的路网流量值，然后分别取此值与未超过限定值的路网流量值，采用二分法进行逼近，直到得出路网容量。此次所采用的方法在以后的加载实验中可以得到广泛的应用。

3. 分析阶段

将对路网进行压力测试的所有结果数据汇总并记录，详见表18-6。

压力测试结果汇总 表18-6

加载次数	路网流量（pcu/h）	路网平均饱和度
1	19925	0.108151
2	39999	0.217269
3	60092	0.330872
4	80102	0.441631
5	100113	0.556723
6	120058	0.667766
7	140028	0.762811
8	129964	0.716717
9	134960	0.740080
10	137536	0.751337
11	136338	0.745475
12	137008	0.749932
13	137267	0.750113

本次压力测试得到的极限路网容量为 137267pcu/h，平均饱和度为 0.750113，共进行测试 13 次。

第 19 章 居民出行 OD 调查

一、居民出行 OD 调查相关定义

OD 调查，全称为起讫点调查，OD 取自英文单词 Origin 和 Destination 的第一个字母。它在交通规划中占有极为重要的地位。OD 调查主要包括人的出行 OD 调查、车辆 OD 调查和货流 OD 调查三大类别，即通常所说的客流调查、车流调查和货流调查。

居民出行 OD 调查，它是个人出行中比较重要的一种出行 OD 调查，它和流动人口的出行 OD 调查共同构成客流 OD 调查（人的出行 OD 调查）。居民出行 OD 调查包括居民的职业、年龄、性别、收入等基本情况，以及各次出行的起讫点、时间、距离、出行目的、所采用的交通工具等出行情况，流动人口的组成十分复杂，调查难度较大。对不同类别的流动人口应采取相应的调查方法。常住、暂住流动人口一般可采用与居民出行 OD 调查类似的旅馆访问等方法，对当日进出城的流动人口则可采用在城市的出入口，如车站、码头等直接询问的方法进行。

出行：人、车、货从出发点到目的地移动的全过程，分别称为个人出行、车辆出行和货物出行。在实际调查中，一般是指在公共道路系统中的移动过程。此外，为了更加明确，往往还对空间移动距离或出行时耗做出进一步规定。

起点：一次出行的出发地点。

讫点：一次出行的目的地点。

出行端点：出行起点、讫点的总称，每一次出行有且只有两个端点，出行端点的总数为出行次数的两倍。

境内出行：起讫点都在调查区范围之内的出行。

过境出行：起讫点都在调查区范围之外的出行。

区内出行：起讫点都在同一小区内的出行。

区间出行：起讫点分别位于不同小区内的出行。

小区形心：代表同一小区内所有出行端点的某一集中点，不一定是该小区几何面积的重心。

OD 表：一种表示起讫点调查成果的表格。

期望线：又称愿望线，是连接各小区形心的直线，因其反映人们期望的最短距离而得名，与实际的出行距离无关，它的宽度表示区间出行次数（见图 19-1）。

主流倾向线：又称综合期望线，系将若干条流向相近的期望线合并汇总而成，目的是简化期望线图，突出交通的主要流向。

调查区境界线：包围全部调查区域的一条假想线，有时还分设内线和外线，内线常为城市商业中心区的包围线（见图 19-2）。

分割查核线：为校核 OD 调查成果精度而在调查区内部按天然或人工障碍设定的调查线，可设一条或多条，它（们）将调查区划分成几个部分，用以实测穿越该线的各道路断面上的交通量（见图 19-2）。

常住人口：指户口在调查城市者。

暂住人口：指户口不在本市，但在本市居住已满 3 个月者。

流动人口：指户口不在本市，并且在本市居住不满 3 个月者。

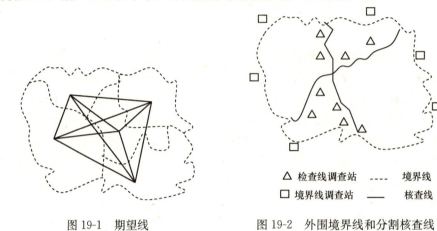

图 19-1　期望线　　　　　图 19-2　外围境界线和分割核查线

本手册只对客流 OD 调查中的居民出行 OD 调查进行详细介绍和分析，其他调查的方法，与居民出行 OD 调查方法相似。

二、技术指标体系

1. 出行产生

出行产生即分析出行总次数、出行产生率统计分析，以及出行产生率与其相关因素之间关系的统计分析。居民出行 OD 调查中包括统计职业、年龄、不同性质的用地等各种相关因素的不同状况下，各种出行目的的城市居民在市内的出行产生量。根据统计的结果，分析这些相关因素对城市居民在市内的出行产生的影响等。

2. 出行分布

出行分布分析即出行流量、流向统计分析，据此得出调查区域各种出行的主流方向、特征。在居民出行 OD 调查包括统计境界线内各交通区之间总出行及分目的、分方式的居民出行 OD 量等。

3. 出行方式

出行方式分析即出行的方式结构统计分析，据此得出调查区域各种出行对交通工具的选择状况、特点。出行方式统计分析也应包括对出行方式结构与其相关因素之间的关系进行研究分析。居民出行 OD 调查中包括统计城市居民在市内的出行方式结构等。城市居民出行方式一般可分为步行、自行车、助力车、公交车、出租车、摩托车、私家车、单位大车、单位小车和其他十种。

4. 出行时间与出行距离

对各种出行所耗费的时间、出行距离进行统计分析。在居民出行 OD 调查中包括统计城市居民在市内总出行和分方式出行的平均出行时间，以及统计居民在境界线内各交通区之间各种出行方式的评价出行时间及出行距离等。

（1）出行总量在时间上的分布；

(2) 不同出行方式的居民出行时间分布特征；

(3) 不同出行目的的出行时耗分析；

(4) 不同出行方式的出行时耗分析。

三、调查实验方法与步骤

1. 调查方法

(1) 家访调查

家访调查用于居民出行调查，即对居住在调查区内的住户，进行抽样家访。由调查员当面了解该户中包括学龄儿童在内的全体成员全天的出行情况。调查前应重视调查员的培训，并进行模拟表格填写训练。采用本方法必须辅以广泛宣传，做到家喻户晓。同时，在调查组织过程中，通过专项调查办公室、街道办事处、居委会等部门的协调工作，能大幅度提高调查的质量。国内一些城市的调查质量表明该方法具有较高的可行性。

(2) 电话询问法

与家访调查类似，在电话普及情况下可以使用。被调查者可在电话本中随机选择。电话询问前2~3天先发函告知调查项目。询问一般在晚上进行。此方法成本低，取样多，但其结果可能有倾向性。

(3) 明信片调查法

此法和发（收）表调查法类似，将已付寄回邮资、印有调查项目的明信片在调查站分发给居民或邮寄给居民。明信片所列问题务必少而精，一般在5~7个题目，以免费寄回的方法可以增加回收率。采用此方法需有大于20%的回收率方为有效。此法的数据具有一定的局限性，可用于居民工作出行OD的某一方面的重点调查，或是补充调查。

(4) 工作出行调查法

对调查区内的职工抽样进行居住地点（O点）和工作地点（D点）的调查，由于这项资料可从工作单位的现成档案中得到，因此大大减轻调查的工作量。虽然这仅限于工作出行，但却是城市客流的主体，故对于公共交通规划特别适用。因此，此法可以用于对居民工作出行OD的重点调查。

(5) 职工询问法

这是一种对特殊交通生成点的专门调查。调查表分发给就业中心（一个大工厂或者一批办公大楼）的全部职工，要求当天填好回收。要把分发给每个公司的表格总数和每个公司的职工数都记录下来，以便能对每个公司的出行数据加以扩展。当涉及职工的人数不多时，此方法最为有效。此法只能调查职工的出行OD，可用于对职工出行OD的重点调查。

(6) 月票调查法

持月票者是一些城市公交客运的基本客流。利用月票换卡和购买之际，发表给购票者填写家庭地址、单位地址、上班出行、转车、上下车步行时间、候车时间、行程时间等项目，此法方便简单，但代表性较差，调查结果具有片面性。

2. 居民出行OD调查分析流程（图19-3）

应用篇

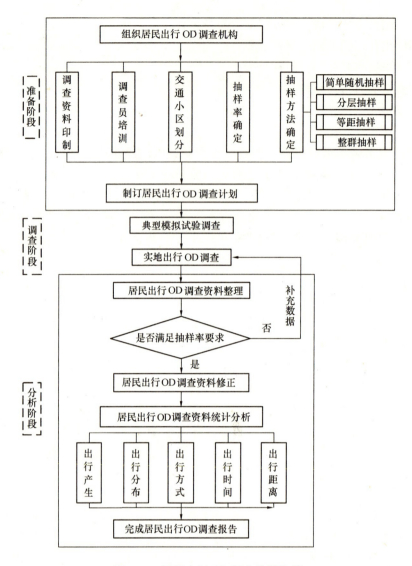

图 19-3 居民出行 OD 调查分析流程

3. 调查步骤

（1）组织调查机构

OD 调查是一项涉及面广、工作量很大的工作，需要许多单位、许多部门相互协作、共同完成，因此需要设立一个专门的机构，统一负责指挥、协调工作。

（2）调查资料准备

设计、印刷调查表格。表格设计的原则：既要满足调查的要求，又要简明扼要，使被调查者容易填写或回答；结构合理，尽量为以后的统计分析工作减少工作量。调查表格见附录1。

（3）交通小区划分

对某一具体城市进行 OD 调查前，首先要确定调查区的范围或境界线。调查区境界线应包括规划研究区域，同时应尽量减少调查区境界与通过规划区域的道路交叉点。交通小区的数量关系到数据的精确度和工作量。交通小区的数量太少，将使整个 OD 调查的精度降低；若划分数量太多，将大大增加调查工作的难度和计算工作量。所以，交通小区划分应在保证精度的情况下尽量减少分区数。交通小区的划分应根据规划区域的用地规模、土地利用性质和规划布局的特点来确定，同时考虑将来车流在交通网上的分布情况确定区界，同时为了获得有关交通小区的现状和规划用地资料，应尽量和现状行政区划以及规划中的功能分区相一致。一般以行政分区、人工构筑物及自然疆界（如河流、铁路、森林公园、山脊等）作为交通区边界，并尽可能以主干道作为各区的中轴线。

（4）确定抽样率和抽样方法

对城市居民OD调查进行分析研究，确定其抽样率和抽样方法。

1）抽样率

调查抽样率是在母集团中按一定的比率抽出所需要的调查样本，当抽出样本数达到足够数目时则抽样误差遵从正态分布。因此，抽出样本越多，则样本平均数接近整体平均数的概率也越大。如果OD调查的范围不大，对象不多，可以采用全样本调查，但在许多情况下，OD调查均需要按照一定的比例抽样，即应用数理统计的原理，在误差允许的前提下通过抽样调查推断母体。抽样率的大小与母体数量、调查对象的复杂程度以及调查统计分析的目标有关。母体越大，抽样率越小；调查对象越复杂，抽样率应越大；调查统计分析的目标越多，抽样率越大。

OD调查抽样率的确定一般可采用两种方法：一是利用试调查或其他城市或区域已经拥有的OD调查资料，考虑调查对象的母体数量、调查统计分析的目标以及抽样方法，用数理统计的原理，通过分析抽样的误差确定；二是参照国内外的经验确定。目前国内外OD调查时，抽样率的确定多采用第二种方法，而且抽样率相差较大。

由数理统计的原理，可得出如下的抽样率计算公式：

$$\gamma = \frac{\lambda^2 \sigma^2}{\Delta^2 N + \lambda^2 \sigma^2} \tag{19-1}$$

式中　γ——抽样率；

　　　λ——对于标准正态分布，一定置信度对应的双侧分位数。当置信度为68.3%时，取值为1；当置信度为75%时，取值为1.15；当置信度为90%时，取值为1.65；当置信度为95%时，取值为1.96；

　　　σ^2——母体的方差，当样本数足够大时，可用样本的方差代替；

　　　N——母体容量；

　　　Δ——控制误差的控制指标的容许绝对误差，其与相对误差的关系为$\Delta = EX$，E为相对误差，X为控制指标的样本均值。

不同的控制指标往往会得出不同的抽样率。例如，居民出行OD调查中，控制指标多采用人均出行次数，用其他指标进行检验与调整，相对误差E一般不大于20%，置信度一般取95%，相应λ取值为1.96，此时，N即为城市人口数量。

方差一般可根据试调查或其他城市或区域已经拥有的OD调查资料统计确定。

在我国部分进行居民出行OD调查的城市中，天津调查区域人口为300万，调查抽样率为户数的4%；上海调查区域人口为613万，抽样率为户数的3.3%；徐州调查区域人口为50.3万，抽样率为户数的8.2%；沈阳调查区域人口为278万，抽样率为户数的4%；成都的抽样率为人口的4%；南京市调查区域人口为150万，抽样率为人口的

4.11%；苏州调查区域人口为 127 万，抽样率为人口的 4.5%。

表 19-1 是美、日等国进行全面的居民出行 OD 调查的抽样率建议标准。

美、日等国居民出行 OD 调查抽样率　　　表 19-1

城市人口（万人）	抽样率（%）	城市人口（万人）	抽样率（%）	城市人口（万人）	抽样率（%）
<5	20	15~30	10	50~100	5
5~15	12.5	30~50	6	>100	4

2）抽样方法

OD 调查的抽样方法包括：简单随机抽样、分层抽样、等距抽样、整群抽样等。

①简单随机抽样

简单随机抽样是最基本的抽样方法，样本的提取随机确定。其抽样方法简单，误差分析也比较容易，但需样本容量较多，适宜个体之间差异性较小时采用。

②分层抽样

分层抽样是指将母体分为若干类型，然后再各层次做随机抽样，而不是直接从母体中随机抽样。此法的优点在于通过分类，使各类个体之间的差异性缩小，有利于抽出有代表性的样本；缺点是抽样的过程较为复杂，误差分析也较为复杂。此法适用于母体复杂个体之间差异较大、数量较多的情况。分层抽样的方差计算公式为：

$$\sigma^2 = \frac{\sigma_1^2 N_1 + \sigma_2^2 N_2 + \cdots + \sigma_k^2 N_k}{N} \tag{19-2}$$

式中　σ^2——母体的方差，当样本数足够大时，可用样本的方差代替；

　　　σ_i^2——各分层的内部方差（$i=1, 2, \cdots, k$）；

　　　N_i——各分层的个体总量；

　　　N——母体容量。

③等距抽样

等距抽样即为等间隔或等间距抽取样本。其优点是利于提高代表性，使母体各部分能均匀地包括到样本中。等距抽样的方法通常用简单随机抽样的方差计算方法近似计算。

④整群抽样

整群抽样是指从母体中成群成组地抽取样本。成群成组的样本可按以上三种方法中任何一种来抽取，在群内所有个体都要调查。该方法的优点是组织简单，缺点是样本代表性较差。

在 OD 抽样调查时，采用何种抽样方法应视调查的对象及调查的具体条件，根据各种方法的特点而定，各种方法也可组合使用。在我国现已进行的城市居民出行 OD 调查中，大多数采用等距抽样方法，按户口排序号或门牌号每隔若干户抽一户调查。

(5) 调查人员培训

调查质量很大程度上取决于调查人员，尤其是采用访问调查方法，调查人员的责任心将直接影响调查的成败。因此，从挑选人员开始，就要严格要求。所挑选的人员的一般条件是具有高度的责任感，具有一定的文化程度，身体健康，熟悉当地情况等。培训过程中反复讲明调查的目的、要求与内容，要模拟实地调查时可能出现的各种情况，要强调培养耐心、热情与韧性。

(6) 制订调查计划

调查的实施计划应从实际出发，安排既要紧凑，又要留有一定的余地。具体调查计划样本见附录2。

(7) 典型试验

在调查工作全面开展之前，应先做小范围的典型试验，取得经验教训，进一步完善计划与方法，确保达到预期效果。典型试验还可以结合培训调查人员一起进行。

(8) 实地调查

实地调查的过程中，必须严格把关，及时抽查，以随时发现问题，保证调查精度。

四、实验数据分析

OD调查资料一般是大量的，资料整理与分析的工作量十分巨大。许多工作需要借助计算机以及相关数据统计分析软件来完成，其过程主要包括编码、输码、统计分析等。

1. OD调查资料整理

对OD调查的结果需要录入到计算机中并按一定的规矩进行归类和重组。在对资料整理过程中对调查表的有效性进行处理。对于存在漏项或不合理项的调查表，可以根据统计分析需要和目的来对该表其他数据酌情取舍，以忠实于原始调查的目的。

2. OD调查资料的修正

在此过程中最重要的工作是确定放样率，即如何根据调查范围内调查对象的样本总体和实际调查的样本数确定样本扩大系数。对抽样调查，最常用的是单系数扩大法，对于大规模的调查，一般采用分区确定样本扩大系数以提高结果的精度。

OD调查资料统计分析

OD调查资料统计分析的目标是为现状交通分析评价、交通预测模型标定、交通网络规划等提供基本参数和指标。因此，其基本内容包括三个方面：一是出行特征统计分析；二是出行与其相关因素之间的关系统计分析；三是其他有关指标的统计分析。

(1) 出行产生

出行产生即分析出行总次数、出行产生率统计分析，以及出行产生率与其相关因素之间关系的统计分析。居民出行OD调查中包括统计职业、年龄、不同性质的用地等各种相关因素的不同状况下，各种出行目的的城市居民在市内的出行产生量。根据统计的结果，分析这些相关因素对城市居民在市内的出行产生的影响等。例如，图19-4和图19-5分别

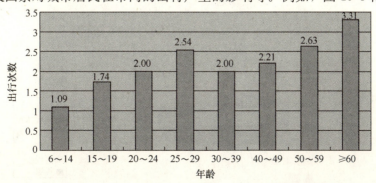

图19-4 居民人均出行次数(次/人·日)的年龄分布

应用篇

为北京市某城区居民出行次数的年龄特性及职业特性。

(2) 出行分布

出行分布分析即出行流量、流向统计分析，据此得出调查区域各种出行的主流方向、特征。在居民出行 OD 调查包括统计境界线内各交通区之间总出行及分目的、分方式的居民出行 OD 量等。例如，某城区居民各种出行目的的出行量占整体出行量的比例见表 19-2 与图 19-6。

某城区居民各种出行方式的出行目的结构表　　　　表 19-2

出行方式 出行目的	步行	自行车	助力车	公交车	出租车	轻骑摩托	私家车	单位小车	单位大车	其他	各组比例
工作	14.99	35.29	37.55	29.52	50.00	36.23	45.29	40.74	37.30	40.82	23.94
上学	8.65	9.57	3.06	12.21	1.04	1.45	4.12	1.73	8.11	0.00	8.41
公务	46.73	48.55	51.53	43.89	43.75	51.45	47.65	50.37	49.73	36.73	47.26
生活购物	1.90	0.00	0.00	4.64	0.00	0.00	0.59	0.00	0.54	0.00	1.37
文娱体育	0.99	0.72	0.44	2.01	0.00	5.07	1.18	3.70	0.00	17.35	1.24
探亲访友	9.98	3.62	4.37	4.95	3.13	2.17	0.59	2.72	0.00	3.06	7.19
看病	15.55	1.47	2.62	0.46	1.04	1.45	0.59	0.25	0.54	0.00	9.41
回程	0.69	0.29	0.44	0.15	1.04	0.72	0.00	0.00	2.70	1.02	0.56
其他	0.53	0.50	0.00	2.16	0.00	1.45	0.00	0.49	1.08	1.02	0.62
总计	1	1	1	1	1	1	1	1	1	1	1

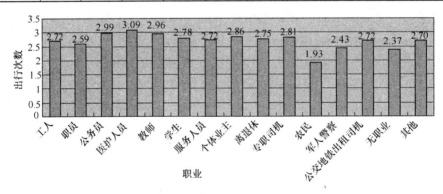

图 19-5　居民人均出行次数(次/人·日)的职业分布

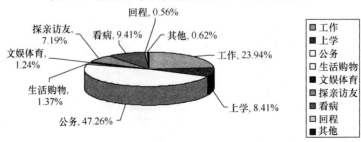

图 19-6　某城区居民出行目的结构图

（3）出行方式

出行方式分析即出行方式结构统计分析，据此得出调查区域各种出行对交通工具的选择状况、特点。出行方式统计分析也应包括对出行方式结构与其相关因素之间的关系进行研究分析。居民出行 OD 调查中包括统计城市居民在市内的出行方式结构等。城市居民出行方式一般可分为步行、自行车、助力车、公交车、出租车、摩托车、私家车、单位大车、单位小车和其他十种。例如，调查得到的某城区居民出行方式结构如表 19-3 及图 19-7 所示。

某城区居民各种出行方式的出行量比例表（单位：%） 表 19-3

步行	自行车	助力车	公交车	出租车	轻骑摩托	私家车	单位小车	单位大车	其他
56.77	24.67	2.25	5.97	0.87	1.34	1.54	3.88	1.71	0.99

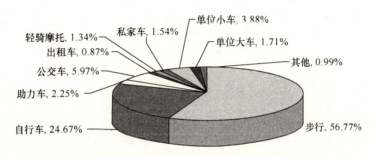

图 19-7　某城区不同交通方式分担率图

（4）出行时间及出行距离

对各种出行所耗费的时间、出行距离进行统计分析。在居民出行 OD 调查中包括统计城市居民在市内总出行和分方式出行的平均出行时间，以及统计居民在境界线内各交通区之间各种出行方式的评价出行时间及出行距离等。

① 出行总量在时间上的分布

表 19-4 和图 19-8 给出了某城区居民全日各时段出行量分布情况

某城区居民全日各时段出行比例 表 19-4

时段	比例（%）（按出发时间）	比例（%）（按到达时间）	时段	比例（%）（按出发时间）	比例（%）（按到达时间）
0:00～0:29	0.00	0.00	5:00～5:29	0.40	0.26
0:30～0:59	0.03	0.00	5:30～5:59	1.10	0.83
1:00～1:29	0.20	0.11	6:00～6:29	3.07	1.48
1:30～1:59	0.24	0.17	6:30～6:59	6.34	4.82
2:00～2:29	0.24	0.39	7:00～7:29	11.20	7.62
2:30～2:59	0.00	0.04	7:30～7:59	13.27	14.96
3:00～3:29	0.11	0.06	8:00～8:29	3.63	7.12
3:30～3:59	0.09	0.09	8:30～8:59	2.51	3.20
4:00～4:29	0.07	0.04	9:00～9:29	2.52	2.68
4:30～4:59	0.17	0.10	9:30～9:59	1.19	1.68

续表

时段	比例（%）（按出发时间）	比例（%）（按到达时间）	时段	比例（%）（按出发时间）	比例（%）（按到达时间）
10：00～10：29	1.74	1.35	17：00～17：29	2.90	1.74
10：30～10：59	1.09	1.54	17：30～17：59	11.71	9.02
11：00～11：29	2.12	1.33	18：00～18：29	3.17	5.88
11：30～11：59	5.71	4.91	18：30～18：59	1.97	2.91
12：00～12：29	2.04	3.74	19：00～19：29	1.84	1.45
12：30～12：59	0.17	0.59	19：30～19：59	1.18	1.82
13：00～13：29	4.22	1.46	20：00～20：29	1.39	1.49
13：30～13：59	1.58	3.92	20：30～20：59	0.85	1.05
14：00～14：29	2.64	1.78	21：00～21：29	0.80	0.90
14：30～14：59	1.02	1.99	21：30～21：59	0.23	0.43
15：00～15：29	0.98	0.77	22：00～22：29	0.36	0.40
15：30～15：59	0.67	0.93	22：30～22：59	0.09	0.20
16：00～16：29	1.41	0.88	23：00～23：29	0.07	0.06
16：30～16：59	1.68	1.79	23：30～23：59	0.00	0.00

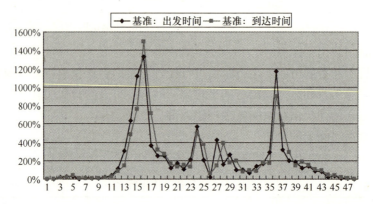

图 19-8　某城区居民全日各时段（30min 为 1 时段）出行量分布比例图

② 不同出行方式的居民出行时间分布特征

表 19-5 给出了某城区居民各种出行方式的分时段出行量比例情况。

某城区居民各出行方式分时段出行量比例（单位：%）　　表 19-5

	步行	自行车	助力车	公交车	摩托车	出租车	班车	驾驶私人小汽车	乘坐私人小汽车	驾驶单位小汽车	乘坐单位小汽车	三轮摩的	其他
0：00～1：00	0.05	0.00	0.00	0.00	0.00	0.00	0.00	0.00	0.00	0.00	0.00	0.00	0.00
1：00～2：00	0.36	0.44	0.63	0.93	1.79	4.08	1.11	0.45	0.00	0.00	0.00	0.00	0.00
2：00～3：00	0.18	0.28	0.63	0.62	1.79	0.00	0.00	0.45	0.00	0.00	0.00	0.00	0.00
3：00～4：00	0.18	0.33	0.00	0.00	0.00	0.00	1.11	0.00	0.00	0.00	0.00	0.00	0.00

续表

	步行	自行车	助力车	公交车	摩托车	出租车	班车	驾驶私人小汽车	乘坐私人小汽车	驾驶单位小汽车	乘坐单位小汽车	三轮摩的	其他
4：00~5：00	0.31	0.17	0.00	0.31	0.00	0.00	0.00	0.45	0.00	0.00	0.00	0.00	0.00
5：00~6：00	1.50	1.43	3.14	0.93	0.00	12.24	1.11	0.90	0.00	0.00	1.60	0.00	7.14
6：00~7：00	11.25	6.67	5.03	12.42	8.93	2.04	10.00	6.79	6.45	1.37	6.40	0.00	0.00
7：00~8：00	21.10	27.89	35.22	25.78	35.71	14.29	42.22	30.77	27.96	26.03	27.20	20.00	28.57
8：00~9：00	8.60	2.37	4.40	4.35	0.00	6.12	1.11	2.26	4.30	6.85	5.60	20.00	0.00
9：00~10：00	4.86	1.60	3.14	2.17	0.00	8.16	0.00	4.07	2.15	6.85	4.00	0.00	14.29
10：00~11：00	3.69	1.65	1.89	1.24	0.00	0.00	0.00	0.90	2.15	5.48	4.80	20.00	0.00
11：00~12：00	7.58	9.70	3.77	6.52	10.71	8.16	2.22	5.88	7.53	9.59	3.20	0.00	7.14
12：00~13：00	1.93	3.03	1.89	2.48	0.00	6.12	0.00	1.36	2.15	1.37	0.80	20.00	7.14
13：00~14：00	5.14	8.65	4.40	3.73	8.93	2.04	1.11	3.17	4.30	5.48	1.60	0.00	7.14
14：00~15：00	3.69	3.80	1.89	3.11	5.36	4.08	1.11	2.71	4.30	5.48	0.00	0.00	0.00
15：00~16：00	1.88	1.10	0.00	2.17	0.00	4.08	1.11	0.45	4.30	2.74	2.40	0.00	7.14
16：00~17：00	3.44	2.65	0.00	4.97	0.00	2.04	1.11	3.17	2.15	0.00	3.20	0.00	0.00
17：00~18：00	10.10	20.95	22.01	15.84	14.29	6.12	26.67	22.62	12.90	19.18	29.60	20.00	21.43
18：00~19：00	4.91	4.85	5.03	8.39	8.93	4.08	10.00	6.33	5.38	4.11	2.40	0.00	0.00
19：00~20：00	3.97	1.10	5.03	2.17	1.79	4.08	0.00	2.71	5.38	4.11	1.60	0.00	0.00
20：00~21：00	3.33	0.61	0.63	0.62	0.00	4.08	0.00	1.81	2.15	1.37	0.80	0.00	0.00
21：00~22：00	1.32	0.39	0.63	0.93	0.00	8.16	0.00	1.36	1.08	0.00	0.00	0.00	0.00
22：00~23：00	0.46	0.33	0.63	0.31	1.79	0.00	0.00	0.90	1.08	0.00	0.00	0.00	0.00
23：00~24：00	0.15	0.00	0.00	0.00	0.00	0.00	0.00	0.45	0.00	0.00	0.00	0.00	0.00

为了更直观地看出居民以各种方式出行在时间上的分布规律，图19-9给出了各种出行方式出行量的时间分布情况。

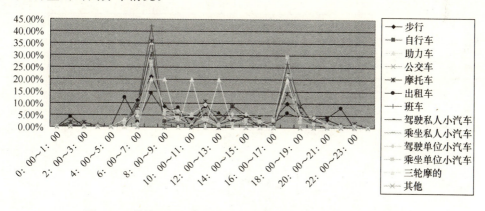

图 19-9 某城区居民各出行方式全日各时段出行量分布比例图

③不同出行目的的出行时耗分析

表 19-6 和图 19-10 给出了某城区居民不同出行目的的平均出行时耗情况。

居民不同出行目的平均出行时耗统计表（单位：min） 表 19-6

出行目的	工作	上学	回家	乘车	回程	购物	休闲健身	外出就餐
平均时耗	21.45	18.36	21.34	5.94	22.85	19.96	27.77	16.83
出行目的	看病	探亲访友	文化娱乐	工作外出	接送人	接送货物	其他	
平均时耗	17.44	25.21	18.92	24.22	16.45	22.5	23.87	

应用篇

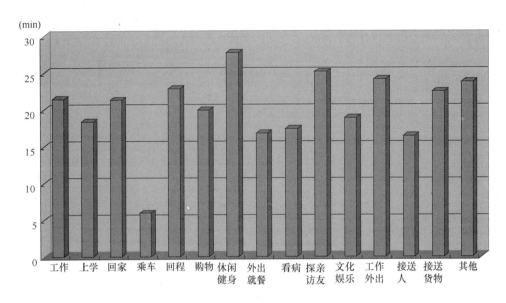

图 19-10 居民各出行目的的平均出行时耗分布直方图

由表 19-6 和图 19-10 以看出，该区居民出行平均时耗以休闲健身为最多，其次是探亲访友和工作外出。

④不同出行方式的出行时耗分析

表 19-7 和图 19-11 给出了居民各种出行方式的平均出行时耗的情况。

居民各种出行方式的平均出行时耗表（单位：min） 表 19-7

出行方式	步行	自行车	助力车	公交车	摩托车	出租车	班车
平均时耗	20.84	20.24	22.29	28.31	22.48	29.41	44.22
出行方式	驾驶私人小汽车	乘坐私人小汽车	驾驶单位小汽车	乘坐单位小汽车	三轮摩的	其他	
平均时耗	22.22	16.94	23.22	23.47	14	28.57	

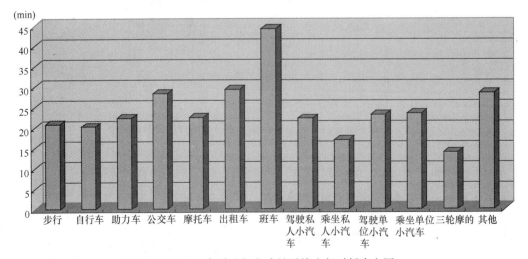

图 19-11 居民各种出行方式的平均出行时耗直方图

第 20 章　驾驶疲劳预警对策有效性实验方法

一、实验目的和意义

随着社会的飞速发展，人们生活收入水平的不断提升，汽车已日益成为人们日常生活中不可缺少的运输工具。但在带给人们快速、便捷、舒适的同时，交通事故也成为严重的社会问题之一。在引发交通事故的诸多因素中，驾驶疲劳是引发重大交通事故的主要原因之一。

因此，从生理信号的角度着手对驾驶疲劳进行研究，开发行之有效的对策，对于预防和避免交通事故的发生、保持驾驶员的工作效率、保护驾驶员的身心健康、有重要的现实意义。如果能研制一种疲劳预警系统，不但在驾驶过程中实时检测驾驶员的精神状态，当驾驶员刚刚出现疲倦迹象时就发出警报，或强行减速甚至强制停车休息，同时，这种报警信号还能起到减缓驾驶疲劳的作用，保证驾驶员能在安全的时间内采取相应的措施，那么就能有效提高安全系数。同时也为驾驶员车载疲劳预警系统提供理论支持，具有非常重要的现实意义和应用价值。

二、内容

通过正交实验设计采集驾驶员生理信号，根据主观调查问卷和驾驶过程中生理信号的变化规律，验证各种驾驶疲劳预警对策的有效性。研究开发形成了一套科学的进行驾驶疲劳对策有效性验证的方法体系，并搭建驾驶疲劳预警实验系统，为验证各种预警信息的有效性和安全性提供实验平台，探索了减缓驾驶疲劳的方法，对减少交通事故、提高驾驶安全性具有长远意义。

三、实验系统设计

1. 驾驶疲劳对策有效性实验系统框架

驾驶疲劳对策有效性实验系统的基本功能是验证各种预警对策的有效性，为驾驶疲劳预警系统提供科学有效的预警信号。因此，驾驶疲劳对策有效性实验系统的核心部分主要包括：疲劳检测模块、对策生成模块和实验设计模块，如图 20-1 所示：

疲劳检测模块主要通过采集驾驶员在驾驶过程中的生心理信号，根据生心理信号的变化规律确定驾驶疲劳的评价指标，进而对疲劳状态进行判定；当检测到驾驶员出现疲劳症状时，对策生成模块就会产生相应的对策；实验设计模块根据各种对策自身的特征，选择合理的实验方法进行实验设计，通过生心理数据采集，依据疲劳评价的指标，对各种对策的有效性进行验证。

2. 疲劳检测模块设计

基于驾驶模拟舱开发了驾驶疲劳的实验场景，并搭建了驾驶疲劳数据采集平台，如图 20-2 所示。利用脑电仪采集分析系统采集驾驶员不同频段成分的脑电波（δ, θ, α, β）；利用动态多参数生理检测仪采集驾驶员心电信号；同时，驾驶员根据自身的疲劳感受程度对驾驶疲劳状态自我评述。

应用篇

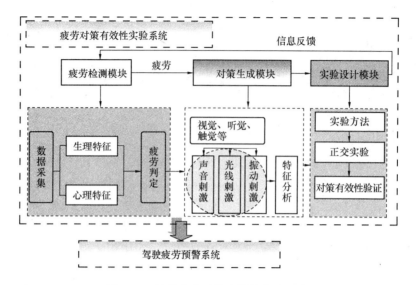

图 20-1　驾驶疲劳对策有效性实验系统

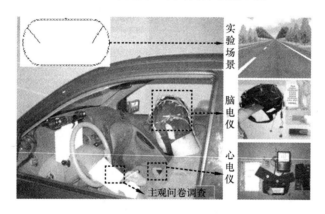

图 20-2　数据采集平台

应用采集得到的各类参数，通过研究和分析驾驶疲劳和数据之间的关系，系统建立了一套基于脑电信号、心电信号以及主观问卷相结合的驾驶疲劳检测方法，见图 20-3。

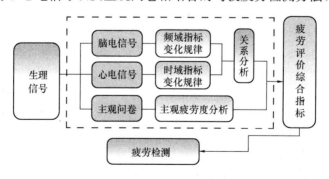

图 20-3　疲劳检测模块

3. 疲劳对策模块设计

驾驶疲劳对策有效性实验系统提供各种外部对策生成模块，包括声音、光线、振动等多种对策，如图 20-4 所示。同时，系统开发了外部接口，可以直接接入外部生成的各种疲劳对策信号，为进一步研究对策有效性提供了信号来源。

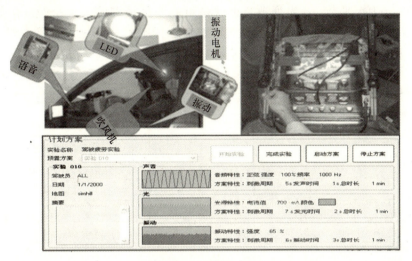

图 20-4　对策产生图

4. 实验方法设计

驾驶员疲劳对策信息采集实验，除了获取驾驶员连续驾驶时的生理信号外，还试图通过设计在相同的实验条件下，采取不同的刺激对策时，驾驶员疲劳程度的变化。因此，在实验开展之前，利用实验优化技术进行了正交实验设计，如图 20-5 所示。

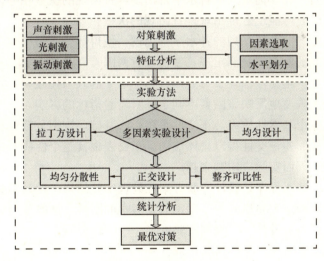

图 20-5　实验设计流程图

正交实验设计（Orthogonal Experimental Design）是研究多因素多水平的一种实验设计方法，它是根据正交性从全面实验中挑选出部分有代表性的点进行实验，这些有代表性的点具备了"均匀分散，齐整可比"的特点，是一种高效率、快速、经济的实验设计方法。日本著名的统计学家田口玄一将正交试验选择的水平组合列成表格，称为正交表。例如作一个三因素三水平的实验，按全面实验要求，须进行 $3^3=27$ 种组合的实验，且尚未考虑每一组合的重复数。若按场 L9（34）正交表安排实验，只需作 9 次。因而正交实设计在很多领域的研究中已经得到广泛应用。

正交表是一整套规则的设计表格，用 Ln（tc）表示，其中，L 为正交表的代号；n 为试验的次数；t 为水平数；c 为列数，也就是可能安排最多的因素个数。例如 L9（34）（见表 20-1），它表示需作 9 次实验，最多可观察 4 个因素，每个因素均为 3 水平。一个正交表中各列的水平数也可以不相等，我们称它为混合型正交表。

L9（34）正交表　　　　　　　　　　表 20-1

实验号	列 号			
	1	2	3	4
1	1	1	1	1
2	1	2	2	2
3	1	3	3	3
4	2	1	2	3
5	2	2	3	1
6	2	3	1	2
7	3	1	3	2
8	3	2	1	3
9	3	3	2	1

正交表具有以下三项性质：

（1）正交性。"1"在任何一列中各水平都出现，且出现的次数相等；"2"任意两列之间各种不同水平的所有可能组合都出现，且出现的次数相等。

（2）均衡分散性。"1"任一列的各水平都出现，使得部分实验中包含所有因素的所有水平；"2"任意两列的所有组合都出现，使得任意两因素间都是全面实验。

（3）综合可比性。正交性保证了每列因素各个水平的效果比较中，其他因素的干扰相对最小，从而能最大限度地反映该因素不同水平对实验指标的影响。

正交表的以上三个基本性质中，正交性是核心、基础，均衡分散性和综合可比性是正交性的必然结果，从而使正交性得以具体应用。正交表集其三个性质于一体，成为正交实验设计的有效工具，因而实际应用越来越广。

正交实验设计的基本程序是设计实验方案和处理实验结果。设计实验方案的主要步骤为：明确实验目的，确定实验指标——确定需要考察的因素，选取适当的水平——选用合适的正交表——进行表头设计——编制实验方案——统计分析。

四、实例分析

1. 实验流程

根据正交实验设计步骤及声音刺激任务涉及的因素水平，选用 L9（34）正交表均衡不同实验环境，设计驾驶员疲劳对策信息采集实验，分别采集声音对策下 4 名被试者 9 组刺激实验的生理信号。具体实验流程如下：

第一步：要求被试者在实验之前，对实验过程和要求充分了解，填写主观问卷并随机抽取各刺激顺序。

第二步：被试者进入实验室，实验员给被试安放脑电电极及心电设备，这大约需要

30min 的时间,以此作为被试的休息时间。

第三步:被试者进入驾驶模拟舱,实验员调整虚拟器各个部分的相对位置,将各个测试仪接在被试者身上。

第四步:测试开始,实验员运行数据采集软件,当驾驶时间为 30min 时开始对被试者进行相应的刺激,刺激 10min 后结束驾驶实验,并填写主观问卷。

2. 预警对策有效性验证

采用配对样本 t 检验分析实验开始和刺激前后生理指标是否发生改变。配对样本 t 检验用于检验两个相关样本是否来自具有相同均值的正态总体,即推断两个总体均值是否存在显著差异。

配对样本 t 检验表明(表 20-2),从实验开始(start)到声音刺激前(before)驾驶疲劳综合指标具有显著性差异($p<0.01$),在声音刺激前和刺激后(after)也存在显著性差异($p<0.01$)。所以,驾驶疲劳综合指标在驾驶前后及声音刺激前后有显著变化,说明声音对策对于减缓驾驶疲劳是有效的。

实验开始到刺激前和刺激前后配对样本 t 检验 表 20-2

综合指标	t-value start-before (p)	t-value before-after (p)
声音	−3.553 (0.007)	2.537 (0.018)

3. 预警对策有效性分析

(1) 主观问卷分析

所有受试者分别对 9 种声音刺激效果进行主观评价,其中,最能减缓驾驶疲劳的声音效果等级为 9,感到效果最差的等级为 1,评价等级如表 20-3 所示。其中 T_{ijkl} 表示因素 A,因素 B,因素 C,因素 D ($i, j, k, l=1, 2, 3$) 的各个水平数。

主观问卷调查结果 表 20-3

		受试者				
		曹	朱	白	刘	得分
T_{1111}	声音	2	3	2	2	9
T_{1222}	声音	5	5	6	5	21
T_{1333}	声音	3	2	4	3	12
T_{2123}	声音	3	4	5	4	16
T_{2231}	声音	8	6	7	7	28
T_{2312}	声音	7	7	6	7	27
T_{3132}	声音	6	7	7	6	26
T_{3213}	声音	3	4	3	7	17
T_{3321}	声音	5	5	5	5	20

利用表 20-3 的主观问卷结果,通过 SPSS 的多配对样本的肯德尔和谐系数检验,分析所有被试对各刺激评分标准是否一致,分析结果见表 20-4,检验结果表明所有被试的肯德尔和谐系数均大于 0.8,说明被试对声音对策刺激效果有高度一致性。

应用篇

肯德尔和谐系数检验结果   表20-4

对　策	肯德尔和谐系数	自由度	显著性水平
声音	0.836	8	0.001

(2) 生理信号分析结果

使用最小二乘法分别对9组实验声音刺激前30min和刺激后6min的综合指标的总体平均值分别进行线性回归，求回归方程的斜率差和截距差，差值变化表明综合指标随疲劳程度的差异而呈现不同的变化趋势。将斜率差和截距差（见表20-5）的大小作为对策有效性评价的依据，并依据他们对各种声音影响疲劳的作用进行排序。将此排序结果与主观调查问卷的排序结果进行肯德尔和谐系数检验。

线性回归结果   表20-5

实验号		回归方程	斜率差	截距差
T_{1111}	声音	$1.6558x+794.68$，$3.5354x+805.51$	−1.8796	−10.83
T_{1222}	声音	$4.4363x+756.6$，$-11.7917x+799.54$	16.228	−42.94
T_{1333}	声音	$4.9397x+725.47$，$0.707x+796.39$	4.2327	−70.92
T_{2123}	声音	$1.8869x+764.12$，$-4.0895x+796.78$	5.9764	−32.66
T_{2231}	声音	$2.3285x+830.93$，$-19.835x+892.22$	22.1635	−61.29
T_{2312}	声音	$3.9301x+749.21$，$-16.39x+795.57$	20.3201	−46.36
T_{3132}	声音	$9.0698x+651.67$，$-3.6904x+775.6$	12.7602	−123.93
T_{3213}	声音	$0.8742x+733.29$，$-4.6533x+751.2$	5.5273	−17.92
T_{3321}	声音	$2.2176x+777.21$，$-5.0076x+821.01$	7.2252	−43.8
调查问卷的肯德尔和谐系数			0.992	0.701

从上面结果可以看出，综合指标的斜率差与主观调查问卷的肯德尔和谐系数是0.992，故选用回归直线的斜率差作为正交实验评价分析的指标。

将实验获得的生理信号综合指标线性回归方程的斜率差填入表20-6中，并分别计算它们的三次偏差量之和 K_1，K_2，K_3 以及每列的极差 S，结果见表20-6。

极差分析结果   表20-6

列号	1	2	3	4	各对策综合指标斜率差
试验号	A	B	C	D	声音
T_{1111}	1	1	1	1	−1.8796
T_{1222}	1	2	2	2	16.228
T_{1333}	1	3	3	3	4.2327
T_{2123}	2	1	2	3	5.9764
T_{2231}	2	2	3	1	22.1635
T_{2312}	2	3	1	2	20.3201
T_{3132}	3	1	3	2	12.7602
T_{3213}	3	2	1	3	5.5273

续表

列号		1	2	3	4	各对策综合指标斜率差
试验号		A	B	C	D	声音
T_{3321}		3	3	2	1	7.2252
声音	K_1	18.5811	16.857	23.9678	27.509	92.55
	K_2	48.46	43.918	29.4296	49.3083	
	K_3	25.5127	31.778	39.1564	15.7364	
	R	29.8789	27.0618	15.1886	33.5719	

声音对策综合指标方差分析结果表明（表20-7），刺激间隔和声强对综合指标平均值的影响显著（$F>F_{0.05}$），频率和刺激时间对综合指标平均值的影响不显著（$F<F_{0.05}$）。

声音对策方差分析表 表20-7

方差来源	偏差平方和	自由度	均方	F值	显著性
S_A	163.0416	2	81.52	20.23	*
S_B	122.4863	2	61.24	15.20	—
S_D	193.4305	2	96.71	24.01	*
$S_e=S_C$	8.056	2	4	—	—
S_T	487.0144	8	—	—	—
F_α			$F_{0.01}(2,2)=99, F_{0.05}(2,2)=19$		

*代表$F>F_{0.05}(2,2)$

根据方差分析结果 F 值及极差分析结果 R 值列出声音各因素对综合指标影响大小（从大到小）的主次顺序为：D，A，B，C。

按 K_1，K_2，K_3 的数值大小确定减轻驾驶疲劳的声音对策的最佳因素水平组合为：A2，B2，C3，D2，即声强 70dB、频率 5800Hz、刺激时间 7s、刺激间隔 30s 时对驾驶疲劳的减轻效果最好。

附录 1

居民一日出行调查问卷

本次调查属于自愿性调查

家庭编号：

一审：

二审：

某城区 2008 年度居民一日出行调查问卷

_____女士、先生：

您好，我是城区 2008 年度居民一日出行调查的调查员，需要了解您和您的家人在一天中的出行情况。感谢您的支持和配合！

被访者姓名：_____ 被访者电话：_____

被访者地址：_____

被访者地址编码：_____

访问员姓名：_____ 访问员编号：_____

第一次入户时间日期：____月____日，星期____

第二次入户访问日期：____月____日，星期____

执行督导编号：_____ 陪访 1

指导员编号：_____ 复核 2

×××城区居民出行调查

表一：家庭信息表

调查日期 [_月_ 日]

星期 [1 2 3 4 5 6 7]

请填写以下人员的相关信息：居住在您家中的和调查当日临时居住在您家里的所有人。如：保姆、亲戚朋友等，同学，也包括不足一岁的儿童。

家庭成员编号	性别	与户主关系	年龄	户籍类型	是否常住本地址	职业	驾龄	请填写您单位（或学校）地址所对应的编码	公交IC卡拥有状况（请填写卡片正面的卡号）
1 户主	1 男 2 女		满[ ]岁	1 本地址户籍 2 非本地址户籍 3 暂住 4 临时	1 是 2 否	[ ]	[ ]	[ ]	[ ]
2	1 男 2 女	[ ]	满[ ]岁	1 本地址户籍 2 非本地址户籍 3 暂住 4 临时	1 是 2 否	[ ]	[ ]	[ ]	[ ]
3	1 男 2 女	[ ]	满[ ]岁	1 本地址户籍 2 非本地址户籍 3 暂住 4 临时	1 是 2 否	[ ]	[ ]	[ ]	[ ]
4	1 男 2 女	[ ]	满[ ]岁	1 本地址户籍 2 非本地址户籍 3 暂住 4 临时	1 是 2 否	[ ]	[ ]	[ ]	[ ]
5	1 男 2 女	[ ]	满[ ]岁	1 本地址户籍 2 非本地址户籍 3 暂住 4 临时	1 是 2 否	[ ]	[ ]	[ ]	[ ]
6	1 男 2 女	[ ]	满[ ]岁	1 本地址户籍 2 非本地址户籍 3 暂住 4 临时	1 是 2 否	[ ]	[ ]	[ ]	[ ]
7	1 男 2 女	[ ]	满[ ]岁	1 本地址户籍 2 非本地址户籍 3 暂住 4 临时	1 是 2 否	[ ]	[ ]	[ ]	[ ]
8	1 男 2 女	[ ]	满[ ]岁	1 本地址户籍 2 非本地址户籍 3 暂住 4 临时	1 是 2 否	[ ]	[ ]	[ ]	[ ]

1. 户主 2. 配偶 3. 子女（包括领养的） 4. 父母 5. 孙子女 6. (外)祖父母 7. 兄弟姐妹 8. 其他亲属（注明） 9. 非亲属

1. 本地址户籍：户籍在本地址。
2. 非本地址户籍：户籍不在本地址。
3. 暂住：指外地来此城区，居住过3个月。
4. 临时：指其他来此城区，居住不超过3个月。

1. 工人 2. 职员 3. 公务员 4. 医护人员 5. 教师 6. 学生 7. 退休人员 8. 个体业主或经营者 9. 离、休人员 10. 专职司机 11. 农民 12. 军人/警察 13. 公交/地铁/出车司机 14. 无职业 15. 其他（注明）

请填写市政交通一卡通的详细卡号，例如：10007510023740723

附录1 居民一日出行调查问卷

××城区居民出行调查
表二：个人出行信息表（正面）

请您填写从 ___月___日的
0点～24点
所有出行记录

请填写您在家庭信息表中的家庭成员编号：[   ] 如果在调查日无出行，请注明原因：[   ]
否则，请填写调查日第一次外出的出发地点：1 家 2 单位（或学校） 3 其他地点 [   ]（填写小区编码）

注意：当日个人出行记录超过10条，请在本表背面继续填写；如仍不够，请继续使用续表。

出行序号	出发时间（24小时制）	交通方式（填编号）	到达地点		到达时间（24小时制）	出行距离（米）	公交线路编号	出行费用		出行目的
			地点编码	建筑性质				金额	IC卡	
1	时 分				时 分					
2	时 分				时 分					
3	时 分				时 分					
4	时 分				时 分					
5	时 分				时 分					
6	时 分				时 分					
7	时 分				时 分					
8	时 分				时 分					
9	时 分				时 分					
10	时 分				时 分					

交通方式
1. 步行 2. 自行车（含坐） 3. 电动自行车（含坐） 4. 公交车 5. 摩托车 6. 出租车 7. 班车 8. 驾驶私人小汽车 9. 乘坐私人小汽车 10. 驾驶单位小汽车 11. 乘坐单位小汽车 12. 三轮摩的 13. 其他交通方式（注明）

出行目的
1. 上班 2. 上学 3. 回家 4. 乘车（是指完成一次出行后的返回过程，返回地不是家） 5. 回程 6. 购物 7. 休闲健身 8. 出外就餐 9. 看病 10. 探亲访友 11. 文化娱乐 12. 工作外出（包括开会、商务活动） 13. 接送人 14. 接送货物 15. 其他（请注明）

建筑性质：1. 宾馆、旅馆 2. 各类办公楼 3. 商业、服务业 4. 市场 5. 医院 6. 体育场馆 7. 博物馆、图书馆 8. 影剧院 9. 学校 10. 住宅、公寓 11. 展览馆 12. 游览场所 13. 餐饮、娱乐 14. 机场、车站、码头 15. 工业厂房 16. 其他（注明）

附录1 居民一日出行调查问卷

××城区居民出行调查
表二：个人出行信息表（反面）

请您接续正面的表格填写
0点~24点
所有出行记录

出行序号	出发时间（24小时制）	交通方式（填编号）	到达地点		到达时间（24小时制）	出行距离（米）	公交线路编号	出行费用		出行目的
			地点编码	建筑性质				金额	IC卡	
11	时 分				时 分					
12	时 分				时 分					
13	时 分				时 分					
14	时 分				时 分					
15	时 分				时 分					
16	时 分				时 分					
17	时 分				时 分					
18	时 分				时 分					
19	时 分				时 分					
20	时 分				时 分					
21	时 分				时 分					
22	时 分				时 分					
23	时 分				时 分					

建筑性质：1.宾馆、旅馆 2.办公楼 3.商业、服务业 4.市场 5.医院 6.体育场馆 7.博物馆、图书馆 8.影剧院 9.学校 10.住宅、公寓 11.展览馆 12.游览场所 13.餐饮、娱乐 14.机场、车站、码头 15.工业厂房 16.其他（注明）

交通方式
1.步行 2.自行车（含坐） 3.电动自行车（含坐） 4.公交车 5.摩托车 6.出租车 7.班车 8.驾驶私人小汽车 9.乘坐私人小汽车 10.驾驶单位小汽车 11.乘坐单位小汽车 12.三轮摩的 13.其他交通方式（注明）

出行目的
1.上班 2.上学 3.回家 4.乘车 5.回程（是指完成一次出行后的返回过程，返回地不是家） 6.购物 7.休闲健身 8.出外就餐 9.看病 10.探亲访友 11.文化娱乐 12.工作外出（包括开会、商务活动） 13.其他（请注明） 14.接送人 15.接送货物

附录1 居民一日出行调查问卷

家庭背景资料调查表

下面我想问您几个有关您和您家庭的问题，供资料分析用，希望您不要介意。

A. 请问你家的住房类型（填写编号）：____，共____间/居室，____平方米；建筑面积：____平方米；

住房类型
1. 平房
2. 经济适用房
3. 普通住宅
4. 商品房
5. 公寓
6. 别墅
7. 其他（注明）

车辆类型
1. 摩托车
2. 客货两用车
3. 小客车
4. 小货车
5. 大货车
6. 大客车
7. 其他（注明）

B. 请问您家有私车吗？您家有公车吗？（产权是单位，车配给个人使用，并夜晚可开回家的公车）吗？

1 有公车…继续访问   2 有私车…继续访问
3 两者都没有…跳问 C 题

车辆编号	车辆属性	车辆类型（填写编号）	主要使用者（填写家庭成员编号）	车辆登记地址
1	(1) 公车 (2) 私车			
2	(1) 公车 (2) 私车			
3	(1) 公车 (2) 私车			
4	(1) 公车 (2) 私车			
5	(1) 公车 (2) 私车			

C. 家庭拥有普通自行车数量：____（辆）；电动自行车数量：____（辆）；

D. 请问卡片上哪一类最能代表您家庭每月的总收入呢？（包括所有奖金、工资、津贴等在内）（单选）

1500 元以下	1	5501～10000 元	5
1501～2500 元	2	10001～20000 元	6
2501～3500 元	3	20001～30000 元	7
3501～5500 元	4	30001 元以上	8

下面我还想再问您几个有关交通方式选择的意向性问题，供资料分析用，希望您不要介意

E. 您认为目前公交存在的主要问题是（最多选三项）：

①离站太远　②等候太长　③不能直达　④经常晚点　⑤票价偏高
⑥车速较慢　⑦换乘不便　⑧绕道行驶　⑨车内拥挤　⑩车况较差

F. 您一般从家到公交车站的时间是：　①≤5 分钟　②6~10 分钟　③11~15 分钟　④≥15 分钟

您一般在公交车站等候的时间是：　①≤5 分钟　②6~10 分钟　③11~15 分钟　④≥15 分钟

您一般乘坐公交车内的时间是：　①≤10 分钟　②10~20 分钟　③20~30 分钟　④≥30 分钟

您一般从下公交车到目的地的时间是：　①≤5 分钟　②6~10 分钟　③11~15 分钟　④≥15 分钟

您上班或上学采取公交出行换乘的次数是：　①0 次　②1 次　③2 次　④3 次及以上　⑤不使用公交出行

G. 请有车家回答：

一般情况下，您车上的同乘人数（不包含本人）为：①1 人　②2 人　③3 人及以上

一般情况下，您觉得停车：①停车场少，停车困难　②停车很方便　③停车比较方便，偶有不便

一般情况下，您每次停车的花费为_____元；您从停车地到目的地步行距离为_____米。

H. 您在家庭年收入水平达到_____万元/年时，将考虑购买小汽车。

I. 您认为××城理想的交通政策应该是：①发展公交②发展小汽车③发展自行车④发展步行⑤其他（请注明：_____）

================================访问结束，谢谢被访者================================

附录2

居民出行调查方案

××××区政府部门
××××年××月××日

1. ××城区居民出行调查方案

一、调查目的

居民出行调查是调查城市居民在进行工作、学习、生活的一天中利用什么交通工具，在什么时间出发和到达地点以及用地性质是什么等。通过调查，掌握城市居民出行的基本交通特征和流动规律，为编制城区交通管理规划提供科学依据。

二、调查对象、范围

城区范围内居住的城市居民和暂住人口（暂住人口指户口不在本市，但在本市居住时间达1个月以上者）。

三、调查方法

以抽样家访调查方式对市区居民一日（24小时）出行情况进行调查。

四、调查组织体系

由交通有关部门负责调查总体设计与技术指导，并负责调查员的培训以及调查表印刷；在街道办等单位的大力协助下，采取区政府—街道办—居委会—居民的分层调查组织体系，由各居委会负责调查的具体实施及表格质量把关。

五、调查规模

市区：城区_____个街道办事处，_____个居委会，按抽样率10%计算，共抽样调查城市居民约_____户，每居委会随即抽样_____户进行调查，并尽可能按典型（低、中、高收入水平）、均匀原则落实到各居委会进行调查。按每个居委会2个调查员计算，共需要_____名调查员。

六、调查实施步骤

1. 组织调查员

由区交警大队负责调查员的组织，要求调查员具有初中以上文化程度，责任心强，工作认真负责。

2. 确定被调查户

选定所有居委会，按等距抽样的原则，每个居委会确定_____户居民进行调查，并按抽出户名单填写"居民抽样花名册"，逐级上报，由区交警大队于×月×日前汇总报北工大，以便确定调查表发放。"调查员调查任务表"待调查表回收时上交。

3. 调查员培训

定于×月×日进行调查员技术骨干培训。

要求通知所有调查骨干准时参加，不得缺席。培训结束时，调查员领取调查表。

4. 调查实施

调查日定为×月×日。调查员在调查日的前一天（×月×日）将下列材料发送至每一被调查户，并对被调查对象进行必要宣传讲解。

（1）居民一日出行调查表（六岁以上家庭成员每人一份）；

附录2 居民出行调查方案

(2) 居民出行交通意愿调查表（六岁以上家庭成员每人一份）；

(3) 居民一日出行调查表格填写说明（每户一份）；

(4) 地址编码示意图（每户一份）。

要求调查员协助被调查户内六岁以上成员按调查日实际交通出行情况填写调查表。

5. 调查表验收

调查日调查员逐户检验、并正式填写、回收调查表，不得漏填、误填。表格回收后交区交警大队和北京工业大学交通发展研究中心审核。

6. 调查数据录入

由北京工业大学交通发展研究中心负责调查表格的录入。

七、调查日程安排

序 号	日　　期	内　　容	地　　点
1		确定调查户	街道办、居委会
2		调查员培训	区交警大队
3		调查实施	城区范围内住户
4		表格回收	区交警大队
5		数据录入	北京工业大学

2. 居民一日出行调查表格填写说明

1. 一次出行的定义：城市居民凡是步行时间在 5 分钟或自行车出行距离 500 米以上或使用其他出行方式（如出租车、摩托车等）的交通活动，如：从家到工厂上班称为一次出行，目的是上班；从工厂下班回家称为第二次出行，目的是回家。

2. 住址：将家庭地址所对应表中的地址编号填入此栏。

3. 职业：按被调查对象所从事的职业对应填写职业编号。职业划分部分说明如下：

<u>工人</u>：指生产工人、运输工人和有关人员。

<u>公务员</u>：指国家或政府机关工作人员及机关负责人。

<u>企事业负责人</u>：指企、事业单位直接负责人。

<u>职员</u>：指企、事业单位除负责人和专业技术人员以外，不直接从事一线工作的其他成员。

<u>农民</u>：指从事农、林、牧、渔劳动者。

4. 家庭人口：包括居住满 1 个月的非本市人口。

5. 出发、到达地址编号：将每次出行的出发、到达地所对应地址编码图中的交通小区编号填入对应的栏内。

6. 出发地、到达地的性质：按出发地及到达地的用地性质编码填写。用地性质分类说明如下：

<u>居住（住宅）</u>：城市居民区。零星位于工厂区内和商业区内的住宅请按相应的工业区或商业区性质填写。

<u>工业区（工厂）</u>：从事工业生产的企业、集团、公司所在地。

<u>宾馆、旅馆</u>：各类宾馆、旅馆的所在地，包括设置在宾馆、旅馆内的各种附属设施，如宾馆、旅馆内的歌舞厅、商店、餐馆等。

<u>商业、餐饮业</u>：没有住宿功能的饭店、酒店以及市级和区级的商业设施所在地。包括百货商店、购物中心等，设置在居住区内的小商店、商亭按居住区用地性质填写。设置在宾馆、旅馆内的商店、餐馆按宾馆、旅馆性质填写。

<u>金融保险</u>：银行、保险公司、证券公司等。

<u>行政办公</u>：市、区级政府行政机关所在地及从事非工业生产的公司。

<u>科研、大专院校</u>：各种科研、设计单位及大专院校。

<u>文化娱乐体育</u>：电影院、公园、体育场馆、文化宫等娱乐设施所在地，不包括设置在宾馆、旅馆内的附属娱乐设施。

<u>医疗卫生</u>：医院、卫生防疫站等。

<u>仓库货场</u>：指市级、区级专用仓库和货场。各单位所属仓库按单位性质划分，不属此类。

<u>市政</u>：城市公共事业用地，如电站、水厂、污水处理厂、公交公司、邮电通讯等。

7. 出行目的：按表中出行目的编码填写。
8. 出行方式：按表中出行方式编码填写。
9. 出发、到达时间：按 24 小时制填写。

注：6 岁以下家庭成员不填表；
家庭特征仅由户主填写。

3. 调查员注意事项

1. 调查员在访问调查对象时，一定要做到文明礼貌、态度和蔼、提问明确、耐心解释。

2. 调查员在访问调查对象时，要详细地向居民讲解本次居民调查的目的、意义和调查表填写的方法与要求，争取居民的理解和支持，在调查访问中不要进行与本次调查无关的谈话和活动，严守纪律。

3. 调查员要约好调查对象认为合适的时间去访问。在调查过程中如遇到无法解决的问题，要及时和调查组织领导机构联系，征询解决的办法和意见，不得主观行事。

4. 调查员要认真负责，有较强的责任心。

5. 调查员在家访调查中，如遇到拒绝调查的家庭或人员，要耐心做好宣传解释工作，争取他们的理解。如思想不通，仍拒绝调查时，可联系居委会主任等协助做工作，再无效时可免除调查该户，与调查组织领导机构联系后，另抽一户，以保证调查抽样率。

4. 致居民的一封信

居民同志：
　　您好！

　　随着经济的发展，城市居民交通活动与日俱增，城市交通远远满足不了城市经济迅速发展的需要。为配合怀柔城区交通管理规划项目的顺利开展，区政府决定对居民的出行情况进行一次调查，为怀柔城区交通管理规划的编制提供科学、可靠的依据。

　　您的家庭被确定为本次调查对象，我们将了解您全家人在×月×日24小时交通出行情况，请配合调查员同志认真填写调查表。感谢您对我们的大力支持！

××××区政府

5. 居民出行调查表发放计划

序号	内　容	需　求	实际发放	备　注
1	致居民的一封信			1份/户
2	居民一日出行调查表格填写说明			1份/户
3	地址编码示意图			1份/户
4	居民一日出行调查表			1份/人
5	居民出行交通意愿调查表			1份/人
6	居民花名册			1份/居委会
7	调查员调查任务表			1份/居委会
8	居委会户分布及收表统计表			1份/25居委会

注：1. 居民出行调查表与居民出行交通意愿调查表正反面印刷。致居民一封信与居民一日出行调查表格填写说明正反面印刷；
  2. 发给居民户的表格：
   （1）致居民的一封信（1户1份）；
   （2）居民一日出行调查表格填写说明（1户1份）；
   （3）地址编码示意图（1户1份）（仅城区居民户需要）；
   （4）居民出行交通意愿调查表（6岁以上居民每人1份）；
   （5）居民一日出行调查表（6岁以上居民每人1份）。

附录2 居民出行调查方案

6. 居委会抽样表

序号	居委会名称	总户数	抽样户数	备注
1				
2				
3				
4				
5				
6				
7				
8				
9				
10				
11				
12				
13				
14				
15				
16				
17				
18				
19				
20				
21				
22				
23				
24				
25				

7. 居民抽样花名册

街道办名称：_____ 居委会名称：_____

编 号	户主姓名	住　址	家庭人口
1			
2			
3			
4			
5			
6			
7			
8			
9			
10			
11			
12			
13			
14			
15			
16			
17			
18			
19			
20			

本表调查后填写好交回给交警大队

8. 调查员调查任务表

居委会名称：_____ 居委会地址：_____ 调查时间：_____
居委会人口：_____ 居委会小区编码：_____ 调查员姓名：_____

编号	户主姓名	住址	家庭人口	暂住人口	6岁以下儿童数	回收表数
1						
2						
3						
4						
5						
6						
7						
8						
9						
10						
11						
12						
13						
14						
15						
16						
17						
18						
19						
20						
合计						

本表调查后填写好交回给交警大队

9. 居民出行抽样居委会分布及收表统计表

序号	居委会名称	小区编码	人口数	抽查人数	6以下儿童	收表
1						
2						
3						
4						
5						
6						
7						
8						
9						
10						
11						
12						
13						
14						
15						
16						
17						
18						
19						
20						
21						
22						
23						
24						
25						

参 考 文 献

[1] 任福田，刘小明，荣建等. 交通工程学[M]. 北京：人民交通出版社，2003 年 7 月.

[2] 王炜，过秀成. 交通工程学[M]. 南京：东南大学出版社，2000 年 4 月.

[3] 王建军，严宝杰. 交通调查与分析[M]. 北京：人民交通出版社，2004 年 3 月.

[4] Thomas R. Currin. Introduction to Traffic Engineering：A Manual for data collection and analysis [M]. CL-Engineering, 1 edition, January 19, 2001.

[5] US Department of Transportation. MUTCD 2000[M]. Federal Highway Administration，2001.

[6] 于泉，荣建，北京市公路交通量观测站点优化布设研究，中国交通信息产业，2007，4：284-289.

[7] 刘培华，于泉，刘金广，刘小明. 信号交叉口渠化与信号配时协调优化研究[J]，交通信息与安全，2009，3.

[8] 于泉，边扬，刘金广，刘培华，张会. 基于 Cube 的路网容量压力测试[C]. 2008 第四届中国智能交通年会论文集，2008 年.